成为AI时代卓越的法律人

法律思维的本质、锻造与实战

田洪鋆(吉大秋果) 著

To Thrive as a Premier Legal Practitioner in the AI Age

The Essence, Cultivation & Practice of Legal Thinking

北京大学出版社
PEKING UNIVERSITY PRESS

图书在版编目(CIP)数据

成为 AI 时代卓越的法律人：法律思维的本质、锻造与实战 / 田洪鋆著. -- 北京：北京大学出版社，2025. 9. -- ISBN 978-7-301-36524-3

Ⅰ. D90-059

中国国家版本馆 CIP 数据核字第 2025E1R803 号

书　　　名	成为 AI 时代卓越的法律人 ——法律思维的本质、锻造与实战 CHENGWEI AI SHIDAI ZHUOYUE DE FALÜREN ——FALÜ SIWEI DE BENZHI、DUANZAO YU SHIZHAN
著作责任者	田洪鋆（吉大秋果）　著
责任编辑	田　鹤
标准书号	ISBN 978-7-301-36524-3
出版发行	北京大学出版社
地　　　址	北京市海淀区成府路 205 号　100871
网　　　址	http://www.pup.cn http://www.yandayuanzhao.com
电子邮箱	编辑部 yandayuanzhao@pup.cn 总编室 zpup@pup.cn
新浪微博	@北京大学出版社 @北大出版社燕大元照法律图书
电　　　话	邮购部 010-62752015　发行部 010-62750672 编辑部 010-62117788
印　刷　者	北京中科印刷有限公司
经　销　者	新华书店 787 毫米×1092 毫米　32 开本　11.625 印张　174 千字 2025 年 9 月第 1 版　2025 年 9 月第 1 次印刷
定　　　价	58.00 元

未经许可，不得以任何方式复制或抄袭本书之部分或全部内容。
版权所有，侵权必究
举报电话：010-62752024　电子邮箱：fd@pup.cn
图书如有印装质量问题，请与出版部联系，电话：010-62756370

目 录

1 第一部分 理论篇 /001

第一章 法律思维的本质
——解决法律问题 /003

一、法律思维的界定 /003

二、法律思维的重要性 /018

第二章 法律思维的原理
——问题是如何被解决的 /032

一、解决法律问题的要素 /032

二、正确解决法律问题的两个条件 /037

三、解决法律问题的步骤 /040

四、各步骤的细节图及现实中的不同表现形式 /043

第三章　法律思维对法律人的要求（1）：论证能力

　　——要保证前提能推出结论　/ 060

一、宏观论证能力　/ 060

二、微观论证能力　/ 084

第四章　法律思维对法律人的要求（2）：前提能力

　　——要保证前提为真　/ 124

一、前提的表现形式——断言　/ 125

二、前提的构成——客观真实　/ 137

三、大前提断言的形成——法律　/ 155

四、小前提断言的形成——事实　/ 192

2 第二部分　实　践　篇　/ 233

第五章　法律思维的实操（1）

　　——案件处理　/ 235

一、案情简介　/ 236

二、主要争议焦点　/ 240

第六章　法律思维的实操（2）

　　——论文写作　/ 266

一、论文写作和案件处理在法律思维层面的
   差别 / 266
二、法律思维在阅读中的体现 / 271
三、法律思维在论文写作中的体现 / 281

第七章 法律思维的实操（3）
　　——日常生活 / 290
一、婆媳矛盾 / 290
二、姐姐要不要让着弟弟 / 293

第八章 法律思维的实操（4）
　　——AI 与职业发展 / 303
一、传统法学教育的特点及来自 AI 的
   挑战 / 304
二、法律思维对法学教育的升维 / 312
三、法律思维与 AI 共生的职场形态 / 321

第九章 法律思维的自我精进 / 331
一、对于未决之事的法律思维解决问题的
   全过程 / 333
二、对于已决之事的法律思维解决问题的
   全过程 / 335

结　　语 / 345

序
为什么要写这本书？

为什么要写这本书？

写这本书主要是为了解决当前法学教育中存在的两个显而易见的问题：其一，法律思维培养对于法学教育具有怎样的重要性；其二，如何通过可视化、可评估的方法教授法律思维。对于前者，法学教育的从业者从不否认法律思维的培养对于法学教育的重要性，但是重要性具体如何，缺乏法律思维会导致什么后果？法学教师恐怕只会笼统地说，缺乏法律思维，学再多法律知识也没有用，然后却无法进一步阐述。对于后者，我们经常在各种场合使用法律思维这一概念，却没有明确这个词到底是什么意思？内涵如何？外延又如何？在课堂、答辩以及实习等场合，可能碍于教师的权威性，从来没有学生敢大胆地向教师（导师）提问：什么是法律思维？它的本质是什么？原理又是什么？怎样操作？他们默认老师是知道法律思维的，而自己是缺乏法律思维的。这在某种程度上反映了我们的法律教育缺乏思维培养（思维培养最基本的原则之一就是要明确定义）。

事实上，即便那些经常使用法律思维的老师，也未必能准确地说出法律思维的定义，更不知道如何"有意识"地培养学生的法律思维。但不可否认，这些老师本身是具备法律思维的，只不过因为没有受过专门的思维训练，所以不能使用通用、规范、科学的术语将其阐述出来并传递给学生。而那些被"指责"不具备法律思维的学生更是默默地接受了自己是"不具备法律思维的"，却没有反思为什么自己不具备法律思维以及到底什么是法律思维。于是，法学教育就在"法律思维"（这一颇具神秘色彩的词汇）的重要性日益强化突出与其内涵的不明确、无法要素化和可操作化的拉扯中，越来越像"空中楼阁"。一方面，法律学习在建设法治国家的今天无疑是非常重要的；另一方面，法学教育界始终无法精准、有效、规范、科学地培养出具备法律思维的法学人才以更好地满足法治国家建设的需要。我们培养出来的学生看似"学富五车",掌握了丰富的法律知识,但他们的解决问题能力、实践能力与创新能力却令人担忧。这种社会需求和法学院校供给之间的矛盾在国际格局调整、中国从"中国制造"向"中国智造"转型、中国社会发生深刻变革、高等教育进行结构性调整以及后疫情时代就业率相对低迷的背景下,迫使法学教育工作者必须思考如何培养学生的"法律思维",推动中国法学教育从"知识传递"向"思维培养"的转型。

我们先来回应第一个问题,法律思维培养对于法学教育具有怎样的重要性。法学教育界对这个问题一直没有给出系统而清晰的阐述,原因在于,解决这个问题必须对高等教育、人才培养等教育学问题有深刻的洞察,同时还需从教育学原理出发厘清思维培养和知识传递的差别。我国的高等教育肇始于洋务运动后期,通过仿效西方国家建立起高等教育体系,法学教育也不例外。当时迫切需要解决的就是知识短缺问题,体系的构建也是围绕"知识传递"展开,人才培养目标也是培养具有某一学科完整知识体系的

"人才"。想要证明这一点,可以翻开我们的法学教科书,你会发现,法学知识按照"学科逻辑"(注意,不是实践逻辑①)排列,并在上课的时候以概念、名词、术语为表现形式,以体系化(可以理解成打包好)的方式传递给学生。我们经常收到两种反馈:其一来自学生,他们时不时地跑过来问老师:为什么我学了民法,但是我妈问我"隔壁老王欠的赌债他的儿子有没有义务替他偿还"这样的问题,我没办法回答?为什么我学了国际法,知道了外交关系的法律制度,但在遇到国家冲突的真实案例时却不知道怎么适用?其二来自用人单位的反馈,说我们培养的学生知识水平还不错,但是实践能力、法律思维太差,面对实践中最基本的问题不

---

① 学科逻辑和实践逻辑之间的区别就在于,学科逻辑是将知识归纳整理之后,按照知识的性质进行排列,实践逻辑是指知识在被运用于解决实际问题时所呈现的逻辑。通常实践逻辑之下的知识是要打破学科逻辑之下的知识存在状态被重新整合的。如果你不太能理解这个偏理论的解释,我们可以用一个生活中的例子来解释它。学科逻辑就相当于一个人的"衣柜",里面的衣服被按照衣服的性质进行整理和收纳,一打开就能看到上衣在一起,裤子在一起,裙子在一起……实践逻辑是指"穿搭",即衣柜里的衣服被主人针对一个具体的场合搭成一套。我们的法学教育只有"衣柜",没有"穿搭",即学生只拥有法学知识,但不会解决实际问题。

知道怎么处理,最糟糕的是法律表达能力很有限,包括口头表达和书面表达。要想回应这一点,就必须参透当代法学教育的本质,以及正视培养出来的法律人才与社会需求之间的差距。法学教材和大学课堂一般只教知识,这个知识是什么呢?它不是从天上掉下来的,而是我们的前辈在遇到相应的社会问题的时候,为了解决问题而生产出来的。为了加快人才培养,高等教育采取的策略是把前人发现和生产出来的知识直接教给学生,却没有告诉学生这些既有知识是怎么被生产出来的。所以,我们培养的学生只知道知识是什么,但不知道知识是怎么来的。这就好像,现在的孩子在餐桌上吃了一盘猪肉,知道这是猪肉,但是不知道这是猪的什么部位;在被摆上餐桌之前经历了怎样的烹饪、分割、屠宰、运输、饲养、繁殖过程,甚至最古老的——驯化过程,人类为什么要把猪驯化成家畜?这是向前推演。从餐桌上这盘猪肉(相当于知识)向后推演,学生既不会做这盘猪肉(知识应用),也无法创造新的菜品(知识创新)。所以,我们的法学教育在知识的全链条(既有知识的产生、既有知识的应用以及新知识的产生等）中，只集中关注一个环节——既有知识是什么。也就是说，学生接受完法学教育之后，大抵上只知道既有知识是什么（还是按照学科体系排列的，不是按照实践需求排序的，这个问题会在正文展开），不知道既有知识是怎么来的，也不知道既有知识是如何应用的，更无法满足现代社会对创新性（生产新知识）的要求。①

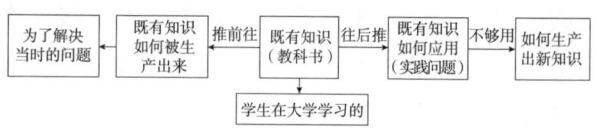

现代法学教育的目标就是使学生从既有知识的接受者变成既有知识的自主获取者、使用者以及新知识的创造者。② 前者代表学生的自主学习能力、

---

① 这种学习方式被称为间接经验学习，优点是快，即在短时间内可以把人类的知识快速传递给学生；缺点是效果差，学生能真正理解和消化的内容极少。而且长期在单一的学习场景中学习固定的知识模块，学生会感到无聊。

② 这种学习方式被称为直接经验学习，缺点是慢，即通常在一个知识点上就需要付出大量的时间和精力；优点是效果好，学生能理解和消化的内容较多。而且由于接触到了知识实际应用的场景，关注到了学生的学习体验，学生的学习兴趣会高涨，但这取决于老师对教学过程的设计能力。

实践能力、问题解决能力;后者代表学生的创造能力,即能随着社会发展的需要生产出新的法学知识。然而,法学教育按照现在的知识传递方式显然不能达到上述目的。作为法学教育者,我们必须让学生掌握一整套学科知识体系,除此之外还要让他们知道知识是怎么来的,知识怎么被应用于实践解决问题,以及当既有知识不够用的时候,如何创造出新知识以满足社会发展的需要,这就涉及思维培养。

思维也被称为思考①,是指针对问题给出论据充分的结论②;法律思维是指针对一个法律问题给出论据充分的结论,简而言之就是用法律知识解决法律问题。相应地,思维的要素包括问题、充分的论据以及结论。充分的论据涉及前提为真的判断(本书第四章的"前提能力")以及从前提推出结论的推理过程(本书第三章的"论证能力")。从既有

---

① 思维和思考有些许差别,思考更强调动作或者与大脑不思考时的相反状态;思维则是一个更细化的词汇,用来探究人们一旦开启思考时该思考动作内部的一些构造。但是本书并不打算将这两个词汇细致区分,它们在本书中是被等同和混用的。

② 市面上关于思维的定义纷繁复杂,但这个定义最接地气、最本质以及最容易被学生理解和接受。

知识产生的过程来看,古代的人或者我们的前辈是在思维的指引下为了解决当时的问题生产了一系列"新知识",当时的新知识如今被写入我们的教科书,这里涉及思维。从既有知识的应用过程来看,学生学完这套法学既有知识体系之后,还涉及如何将这套知识体系运用到司法实践中的问题,这里还是涉及思维,即如何识别一个问题(法律问题),并运用自己的法律知识将其解决,从而满足客户的需求。相应地,学生也就具备了使用知识的能力(解决问题的能力、实践能力都是一回事)。从新知识的产生来看,当我们培养的学生发现既有的法律知识无法解决实践中的问题的时候,他会在问题的引导下寻找新的解决办法,这个新的办法如果被创造出来就是新知识的产生,相应的,学生也就具备了创新能力,这里依旧涉及思维。从上述既有知识的产生、既有知识的应用、新知识产生的过程中,我们都能看到思维的身影,思维在这里起到了决定性作用。而且,伴随着新知识的产生与应用,我们发现法学教育界一直强调但又不能完全落地和实操的各种能力培养问题,如应用能力、实践能力、解决问题能力、创新能力……也都迎刃而解了。所以，法律思维的重要性体现在其在宏观上可以满足国家和社会对于法律人才培养的要求；在中观上可以实现法学教育从知识传递到能力培养的转型；在微观上可以让被培养对象——学生具备获取既有知识、应用知识以及生产新知识的能力，不会在巨量的法学知识面前产生困惑并避免由此滋生"知识无用论"的错误认识。这是培养法律思维的重要性，每一个教育工作者都应当从教育现状和需求、知识传递与整个"生产、应用、再生产"知识链条（即知识与思维的互动关系）以及各种能力培养的角度向学生细致阐述法律思维的重要性。然而，极少有法学教师能做到这一点。这使得法律思维在法学教育中一直是一个常被挂在嘴边、耳熟能详但又不可名状的"神秘事物"，至于原因，我们会在正文中详细阐述。

以上是对第一个问题的简单回应——法律思维培养为什么重要，需要结合法学教育中知识传递的现状、知识生产全链条以及在全链条中知识和思维的互动来理解，理解了这个问题也就理解了能力培养的相关问题。本书第二个问题——如何教授法律思维，使之成为一项看得见、摸得着、可以被操作和测量的训练，这就要借助思维的相关知识。对！法律思维也是思维的一种，培养学生的法律思维就需要借助思维的一些基本原理、概念和范畴。不幸的是，法学教育者们每天都在使用法律思维这个概念，却没有意识到培养法律思维是需要真正懂得"思维"是什么的，而这是一门单独的学问，现在活跃在法学教育第一线的教师几乎都没有接受过这方面的训练，这就导致他们在"培养"学生法律思维的时候注定是经验性的、模糊的、不可量化的、不能被学生复制迁移的，甚至有时候还会跑偏。思维有着明确的定义，如上文所述，思维是指针对问题给出论据充分的结论，法律思维就是针对某个法律问题给出论据充分的结论。法律思维明确强调问题的解决、问题获得正确的解决（结论）以及正确解决问题的条件（论据充分），这就涉及法律思维的要素：问题、结论、前提、未表达前提[①]。法律思维跟逻辑有关，从严格意义上说，法律思维是非

[①] 未表达前提决定前提和结论之间的关系，确保前提能推出结论，即未表达前提为真，前提能推出结论；未表达前提不为真，前提推不出结论。

形式逻辑①（批判性思维在法律思维中的体现）；法律思维者必须具备论证能力（主要包括解构论证和建构论证、分析论证和评论论证）和前提能力（包括教科书上的显性知识、实践中的隐性知识是如何以前提、未表达前提等形式呈现的）。如果不具备思维的基本知识、不了解思维的各种工具，是不可能教授和培养出学生的法律思维的。再次强调，法律思维的培养是需要借助思维的基本原理和工具的，仅掌握法学知识的老师并不会天然具备培养学生法律思维的能力，他们可能有某种直觉，但是必须借助思维的原理、工具才能将培养法律思维的过程外化、明确化、可视化和可操作化。然而，令人遗憾的是，这种关于学科思维（不仅是法学思维，还包括其他学科思维，如医学思维、经济思维等）的培养需要借助思维的基本原理和工具的意识在一线教师的头脑中是缺乏的，因而他们在教学实践中也不可能真正从事思维培养的工作。

---

① 非形式逻辑又被称为批判性思维，它与形式逻辑的区别是结合了具体的生活场景，而非完全的抽象表述。批判性思维是逻辑在真实生活中的体现，具体而生动，不像逻辑学那样抽象难懂、有门槛。

如果法学教育工作者不能准确地了解法律思维的重要意义以及学习如何用"思维"的相关知识整合自己的思维培养过程,那么结果是显而易见的——我们并不能培养出具备法律思维的人才,我们也不能保证培养的法律"人才"具备相应的能力,更无法保证我们培养的人才符合社会发展的需求。具备法律思维且拥有各种能力(实践能力、解决问题能力以及创新能力)的人才培养就变成了随机的事情,它更多地取决于某个学生的天赋、领悟力以及在成长过程中遇到的、能够促使他形成法律思维的特殊事件,如特殊的老师、特殊的经历以及难忘的打击……如果法学教育不能稳定、高效、可视化、有控制地培养学生的法律思维,反而将其交给学生自发、随机形成,那么法学教育的价值将减损,不仅无法满足高等教育对于人才培养的要求,也会被日益发展的信息时代以及正在进行深刻结构性调整的社会逼到墙角。我们必须意识到以 ChatGPT 为代表的人工智能已经极大地挑战了以知识传递为主的传统法学教育,我们需要花费几年甚至十几年的时间才能将法律知识传递到学生的大脑中,而 ChatGPT 用不到几秒钟的时间就学到了。尽管很多大学抵制 ChatGPT,禁止学生用 ChatGPT 写论文或者从事其他工作，但是解决这个问题的更好的方案是我们要培养学生成为 AI 的主人，而不是 AI 的奴隶。马斯克曾经说过，ChatGPT 出现后，教育最核心的任务就是培养批判性思维。法律思维作为批判性思维在法学领域的体现，其重要性不言而喻。我们不仅要在高等教育内部反思法学教育，还要在信息时代和社会深刻变革背景下反思教育过程并且对其持续优化……

1 第一部分
理 论 篇

第一章 法律思维的本质
——解决法律问题

一、法律思维的界定

法律思维是思维的一种,确切地说是理性思维的一种,要想了解法律思维,首先要了解思维及理性思维的概念。

(一) 思维及其要素

"思维"是人们在日常生活中经常使用且耳熟能详的词汇,但又很少有人能够准确说出"它"到底是什么。我们经常说,这个人思维敏捷,那个人思维不在线,这个人抽象思维很厉害,那个人思维能力很弱。但当被人问到什么是思维的时候,通常我们是回答不上来的。为了回答这个问题,我们可能会打开搜索引擎检索思维的定义,但会发现思维的定义非常复杂。人们对思维的定义一般是这样的——思维就是思索、思考的意思;或者是这样的——思维是人接收信息、存储信息、加工信息的活动过程,而且是概括的、反映客观现实的过程;又或者是这样的——思维是具有意识的人脑对客观现实的本质属性、内部规律的自觉的、间接的和概括的反应;再或者是这样的——思维是人类特有的一种精神活动,将外在的表象、概念经由分析、综合、判断、推理等步骤的认识活动的过程。这样的解释不仅不能让我们理解什么是思维,反而会让人更加糊涂,在若干具有距离感的专业词汇和学术名词的描述之下,人们会觉得"思维"这个事物愈加神秘。

其实,思维有一个最容易被理解的概念,而且能够被我们看得到、摸得着、操作得了,而不是像上述抽象的描述那样让人望而生畏。所谓思维,就是指思考,它是指对于一个问题,人们给出结论的过程。也就是说,思维就是人们尝试解决、回答或者回应一个问题的思考过程,也是人们表达观点、立场、态度的过程。从这个定义中我们就能清晰地看到,思维确实是大脑的一种活动,它的目的是解决问题,形成自己的观点,这个观点就是结论。思维的过程就是思考,是指从问题到结论的思考过程。

尽管我们给出了思维的定义，学习者可能还会觉得不好理解。那接下来我们将思维要素化，让学习者看得更清楚。首先，人的大脑不总是在思考的，即不是一直处在调动思维的状态，只有在面临问题的时候，大脑才启动思维。所以，思维的第一个要素就是问题。其次，思维强调对问题得出结论，这个结论有可能是立场、观点，也有可能是行动、方案等，总之，思维强调对问题的解决，要有结论。最后，思维强调得出结论的过程，即结论是怎么得出来的，这就涉及推理的过程了，这个结论有前提（也叫论据、条件）支持吗？前提是什么样的呢？前提和结论之间的关系是怎样的呢？这样，思维就以简单且便于学习者理解的日常化的方式被呈现出来了，它是指解决问题的思考过程，包含问题、结论和前提三个要素，如图 1-1 所示。① 这样介绍思维，你是不是会

---

① 本书使用的是思维的"三要素"说，即问题、结论、前提。但关于思维的要素还有"四要素"说，即将未表达前提作为第四个要素。其实，"三要素"说与"四要素"说并没有太大区别，因为未表达前提是决定前提能否推出结论的保障，是暗含在前提和结论之间的关系里的，可以将未表达前提单独列为思维的要素之一，即"四要素"说，问题、结论、前提和未表达前提；（转下页）

清晰了一些?

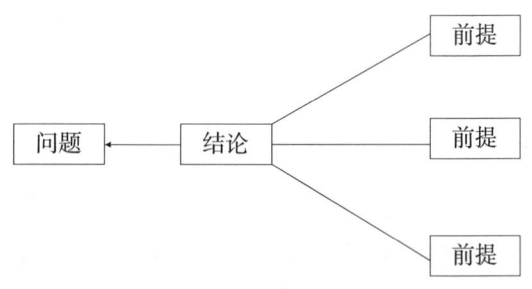

图 1-1 思维的要素

别急,我们还可以让思维的概念更清晰,我们再解释一下思维的各个要素,你就会发现思维对我们日常生活的重要性。思维包含三个要素——问题、结论、前提。其中,问题可以是一个被提出的"问题",比如世界会爆发核战争吗?你经过思考之后认为"不会"(这是结论),理由(这是前提)是目前拥有核武器的国家之间已经形成了核制衡,当每个拥有核武器的国家都能毁灭地球的时候,它们

(接上页)也可以不列,即变成"三要素"说。这两种关于思维要素的说法本质上都是一样的,笔者也是根据不同的阐述场景使用不同的表达,这在本书后文会进行详细的阐述。此处,为了简化描述,不给初学者带来太多的概念和困惑,我们暂且使用"三要素"说。

手中的核武器就不再是一个威胁,而是相互制衡的工具。你看,这就是你的思维过程,同时也是一个完整的思维过程,问题、结论、前提一目了然。至于这个思维过程是否正确,我们会在下文讨论,在这里,我们的目的只是揭示思维的定义和要素。

问题也可以是一项工作任务,比如你的老板让你开展市场调研,进而决定是否开设新店。你通过一系列努力最后得出不能开设新店的结论,并且提供了不能开设新店的理由。在这个场景里,思维的要素——问题、结论、前提也是具备的,这也是一个思维过程。思维中的问题还有可能是一个观点,是一个让你怀疑、不能接受的观点。比如,有人跟你说某导演的水平实在太差了。这个观点你不太同意,于是你的结论是某导演的水平其实可以,有些片子拍摄得差主要是因为要拿投资,不能完全按照该导演的意图拍摄。在这个过程中,你只是为了反驳一个观点而引发了一个思维过程。本文使用上述这些例子是想说明,思维无处不在,发生的场景也是多样化的,只要你想表达你的观点,思维就在,这也说明你在思考。只是,有些人的思考(或思维)是仓促的、不成熟的,即他的结论不成立,站不住脚;有些人的思考

（或思维）是经过深思熟虑的，即他的结论很可靠，令人信服，思维质量很高。思考（或思维）的质量等相关内容，我们会在下文展开。

写到这里，我们需要总结一下，思维很重要，它就是一个人思考的过程。人们为什么要思考？——是为了解决问题。为了能够让问题得到有效妥善的解决，人们必须了解思维，了解自己的思考过程，只有这样才能对问题的解决拥有掌控力。可以毫不客气地说，人的一生就是一个不断解决问题的过程，小到吃穿、看病、升学，大到就业、婚姻、生育等事项，都伴随着很多需要解决的问题，即需要人们不断作出决策（结论）。但凡是需要人们解决问题、作出决策的场景，就一定伴随着思维和思考过程。因此，一个人的思维质量是决定他"人生质量"的重要因素。

(二) 思维的类型

尽管人们在日常生活中频繁使用各种各样的关于思维的表述，比如抽象思维、具象思维、设计思维、形象思维、结构性思维、系统性思维、整体性思维、结果导向性思维、富人思维、穷人思维、财富思维、投资思维、女性思维、男性思维……但其实,这些表述都没有说清楚思维本身是什么,也没有阐述清楚这些嫁接在思维之上的五花八门的限定词到底是什么意思。

从最为底层的本质上来看,思维被分为两种:理性思维和非理性思维。理性思维是指面对一个问题,人们依据"客观真实",经过"推理"作出明智的决策或者得出有充分依据的结论,即结论正确。非理性思维指的是面对一个问题,人们依据的不是"客观真实",而是主观感受、倾向、喜好等,没有经过"推理"或者"推理"不正确,从而作出了不明智的决策或者得出了没有依据、依据不充分的结论,即结论不正确(如表1-1所示)。

表1-1 思维的类型和构成要素

构成要素	思维类型	
	理性思维 (批判性思维)	非理性思维 (感性思维)
前提 (论据、理由等)	依据客观真实	依据主观的想象、感受、喜好等非客观的事实
推理 (前提到结论的过程)	经过正确推理	不推理或者推理谬误
结论 (决策、观点等)	正确、明智	不能保证正确

通过表 1-1 可以看出，理性思维和非理性思维的主要区别在于面对同一问题的时候，理性思维的前提是客观的、推理是正确的，最终得出的结论是正确的。而非理性思维的前提是主观的、没有经过推理或者推理不正确，最终得出的结论是不正确的或者不可靠的。所以，理性思维和非理性思维的差别就体现在前提、推理和结论这三个方面。

理性思维又被称为批判性思维，非理性思维又被称为感性思维，因为非理性思维的前提是感性认识而不是客观真实，感性认识是不可靠的。非理性思维并不是本书要探讨的重点，我们此处还是把重点放在理性思维也即批判性思维上。通过上面对思维、思维分类的解释，我们现在可以给理性思维下一个定义：所谓的理性思维是指针对问题给出前提充分的结论。通过这个定义能够看出，理性思维强调以下几点：

首先，理性思维强调解决问题。如上文所述，人的大脑并不是时刻都在思考的。相反，由于思考会消耗大量能量，所以大脑的常规状态是

第一章　法律思维的本质

能不思考就尽量不思考。① 一般情况下，大脑将我们的生活区分为常态化和非常态化的情况，针对前者，大脑会培养出习惯性行为，然后在习惯的支配下由身体自动完成相应行为，以后再遇到类似问题就不动用大脑了，直接动用生理反应或者肌肉记忆。举个例子，一个有着多年驾驶经验的司机，他平时都是靠肌肉记忆和习惯动作下意识地完成驾驶的，哪怕是面对很危险的情况，在大脑来不及思考和反馈的时候，肢体也会自动完成挡位切换、油门、刹车以及与转向盘的配合，在这种情况下大脑并没有思考。如果你想了解更多有关生理反应和肌肉记忆的极限故事，我推荐你阅读一下我国"372"潜水艇海底断崖180秒极限自救的故事。② 还有一种情况，很多人经常在出门的

---

① 这也能解释某些人是不爱动脑的（即不爱思考），因为思考很累，很消耗能量，俗称烧脑。生物学家对此的解释是，这是大脑的效能原则在起作用。在人类漫长的进化过程中，人类的食物总是不够用，所以要尽量避免一些耗费能量的活动。所以，大脑就养成了这样一个"坏习惯"。

② 潜水艇潜航时，最害怕的三种情况是掉深、失火和进水。后两种情况有自救的可能，但掉深是潜水艇的噩梦。全世界没有任何潜水艇在遭遇掉深的情况下还能生还，美国和以色列都有相应的例子。在发生掉深的时候只有几分钟的时间，连求救信号（转下页）

时候记不起来自己是否锁门了，返回去查看的时候却发现自己已经把门锁上了，这种情况也是习惯性行为，大脑也不思考（以至于你都记不住自己锁没锁门）。类似的情况特别多，脑科学家认为，这是大脑为了减少自身能量的消耗，把一部分常态行为变成了习惯，交给习惯动作处理，而不是每次都需要大脑来发出指令。而在某些非常态的情况下，习惯动作无法完成问题处理时候，大脑就要"出面"，通过"思考"来完成对问题的解决。比如：上文提及的你的

（接上页）都发不出去，残骸也无法找到，只能定性为失踪，全世界这样的例子很多且无法统计。2014年，中国"372"潜水艇在执行任务时，不幸遭遇生还概率为零的海底断崖（掉深）。危机中，指挥员连续下达了30多道指挥命令，潜水艇内的全体官兵在180秒内关闭了上百个阀门和数十种设备。当时的能见度几乎为零，军人们完全是凭借肌肉记忆完成了500多个动作并且所有人全程操作都零失误。最终，创造了世界上唯一一次遭遇海底断崖后凭自救生还的军事史奇迹。但是，即使这次成功自救的奇迹被各国制作成潜水艇反掉深的教科书案例，全世界的海军照抄作业，但也没有谁能复制这个世界军事史上唯一的奇迹。原因就在于中国军队在日常训练中反复将操作训练到极致（国外有很多人质疑这种严苛的标准化训练的意义），才能在危急时刻凭借肌肉记忆在极端的条件下完成操作，在这种情况下，大脑是根本来不及反应的。这也说明枯燥严格的训练可能在平时看不出有什么作用，但是在危急关头真能救命。参见陈国全、段江山、孙伟帅：《372潜艇的精神底色》，载《解放军报》，2018年11月21日第5版。

第一章　法律思维的本质

老板给你布置了一项任务；你的客户向你提出了一项新的需求；你的竞争对手又在背地里搞鬼说了你的坏话并且给你制造了工作上的麻烦；你的朋友或者家人发表了一个你不太认同的观点；或者你的父母吵架让你来评判是非……这时候，你需要思考，思考就需要动用思维。所以，在这里我们强调理性思维的第一个特征——解决问题。

其次，理性思维强调对问题的正确解决。与非理性思维（感性思维）不同，理性思维强调对问题的正确解决而不是使情况变得越来越糟糕，陷入泥潭。现实生活中，人人都有思维，人人也都声称在思考，但其实思考和思考之间的差距特别大。有些人面临一个问题的时候只给出结论，没有前提。这种结论是站不住脚的。比如我经常在大学校园里看到小情侣吵架，有的时候女孩强调男孩对她不好，男孩问怎么不好了？女孩回答说不好就是不好。这种只有结论、没有前提的思维过程是一种情绪的宣泄，不能使问题真正得到解决。结局要么是一方降低姿态、贡献情绪价值以"哄"告终，要么就是双方谈崩，一段关系不欢而散。谈到这一点，并不是说在所有的问题处理中我们都要严格做到一板一眼的理性、客观，不允许情绪掺杂其中，这也不符合人之常情，毕竟人都是有丰富情感的。笔者只是想强调，要想使问题真正得到解决，恐怕动用的还是理性思维，只要人们在宣泄完情绪之后，能理性地坐下来交谈和寻求解决问题的路径就行，这就是理性思维的魅力。

最后，理性思维强调对问题的正确解决需要进行过程控制。解决问题的过程就是给出结论的过程，而结论不是凭空出现的，是经由前提推导出来的。现实中，很多人在面临问题时会直接给出结论，当你问他，为什么结论是这样的？他却给不出前提。他要么说他没想过，要么说平时看别人都是这样办的。比如，你大学毕业工作几年之后回家过年，你的父母问你打算什么时候结婚？你回答说我不想结婚。你父母说，那不行，这么大岁数不结婚多丢人。你继续问，为啥岁数大不结婚就丢人？你父母也说不出个所以然，只是说村子里像你这么大的年轻人都结婚了。面对你不结婚这个问题，你父母的结论是必须结婚，不结婚丢人。至于为什么不结婚丢人，他们没有思考过，或者就是看到别人都结婚了，所以你也必须在这个年龄结婚。这样的结论注定会在已经上过大学

第一章 法律思维的本质

的你和没有走出过村子的你的父母之间产生分歧甚至是家庭的裂痕。父母的这个思维过程是有问题的,他们要么不提供推出他们结论的前提,要么前提是人云亦云、盲目从众(要求别人做到的你必须也得做到)的,这对于已经接受过现代文明熏陶的你而言显然是不能接受的。所以,在理性思维的指导下,解决问题要求在过程上满足两个条件:第一,得出结论得有前提;第二,前提为真且前提能推出结论。所谓"得有前提"是指面对一个问题时,你不能只给出一个结论。比如在你的男朋友问你为什么要分手的时候,你回答说没什么理由就是想分手。或者你的男朋友问你,我哪儿对你不好了?你回答说不好就是不好。这些都是胡搅蛮缠、不讲道理的表现,也不是一个好的思维过程。所谓"前提为真且前提能推出结论"是指你得出结论的前提首先得正确,其次还得能推出结论。比如在一起案件中,你怀疑张三偷走了你的手机,你的理由是张三在案发当时曾经出现在你的身边。这个前提可能是"为真"的,但是这个前提推不出结论。就像在上文那个"催婚"的例子中,可能村子里的其他人都在这个年龄段结婚了,这个前提不假,但是这个前提不能推导出别人结婚你就必须结婚这个结论。所以，理性思维强调解决问题若想获得正确的结论需要在过程上掌控前提以及前提和结论之间的关系。

综上，我们小结一下，理性思维（批判性思维）是思维的一种，它跟思维一样拥有三个要素——问题、结论、前提。但是理性思维强调面对问题得出正确的结论，而要想得出正确的结论则要在过程上满足"前提为真"以及"前提能推出结论"这两个条件，如图1-2所示。这样，我们就对理性思维有了一些初步的认识。

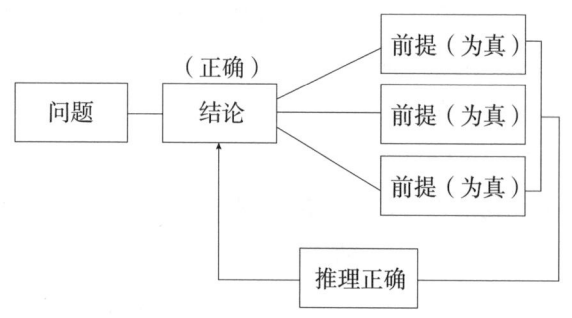

图1-2 理性思维的要素及其关系

(三) 法律思维是什么

学科思维（或者专业思维）就是批判性思维在

第一章 法律思维的本质

某个具体学科领域的体现,那么法律思维就是批判性思维(理性思维)在法律领域的体现。莎伦·白琳和马克·巴特斯比也认可这一点,他们指出,批判性思维在学科中的体现是针对一个学科问题给出论据充分的结论。① 那么,到现在,我们终于可以给法律思维下一个定义,它是指法律领域的从业人士(包括教师、学生、法律实践的从业者如法官、律师等)针对一个法律问题能够给出论据充分的结论。从这个定义可以看出,法律思维秉承了思维的一贯本质——解决问题,只不过法律思维作为理性思维的一种,并作为批判性思维在学科中的体现,强调用法律知识解决法律问题并且获得正确的法律结论。②

---

① 参见[加]莎伦·白琳、[加]马克·巴特斯比:《权衡——批判性思维之探究途径》,仲海霞译,中国人民大学出版社2014年版,"前言"第2页。

② 法律思维和法学思维并无本质差别,底层原理都一样,唯一的区别体现在法律思维是个大概念,使用的人群也特别多,包括法学教育工作者、从事法律学习的法学本科生、研究生,以及大量的法学从业者如法官、律师、检察官等。当法律思维的使用者是法学教育工作者、法学生时,他们多在法学学术领域使用法律思维,这时候的法律思维通常被称为法学思维,这里的法学是指法律这个学科,多在高校和科研院所被使用。当法律思维的使(转下页)

我们稍微总结一下这部分内容：法律思维是思维的一种，确切地讲是理性思维的一种，是批判性思维在法律领域的体现。思维的本质就是帮助我们解决问题，理性思维强调正确地解决问题。法律思维则强调正确地解决法律问题。与思维一样，法律思维也包含问题、结论、前提三个要素，只不过这一切都发生在法律（包括理论界和实务界）领域。这样，我们就从最容易理解的角度揭示了法律思维的本质——解决（法律）问题。

二、法律思维的重要性

（一）法律思维可以突破传统知识教育的藩篱

按照我国的教育体系设置，在上大学之前，同学们接受的都是通才教育，全国的学校开设的课程都差不多，语文、数学、外语、化学、物理、生物、地理……这些属于通识培养。但是到了大学之

（接上页）用者是法律实践从业者如法官、律师时，此时的法律思维多与理论联系实际有关，多用于解决实践问题，这些群体的法律思维就不太适合被称为法学思维，而应当是法律实务思维。总之，法律思维根据不同的使用者和探讨的是理论问题还是实践问题可能会被区分为法学思维和法律实务思维。在本书中，并不会区分得这么细致，统称为法律思维。

后，同学们是分专业培养的，这又被称为专才培养，也就是说，每个大学生都是有自己的专业的，上了大学之后就不再学习统一的课程，而是按照专业目标来培养具有某个专业的系统性知识和能力的人才了，法学也是如此。

目前，绝大多数法学院的教材或者课程内容体系都是按照图1-3左侧的知识体系方式整合和排列的。这是什么意思呢？它意味着经过四年左右的专业学习，我们给学生的是一套完整的法学知识体系。这里面有非常完整、丰富的知识点，并且这些知识点是按照学科的内在逻辑顺序排列的，并不是按照现实生活中知识被使用的时候所需要的逻辑顺序排列的。这就有点像，你的衣橱中衣服的收纳是按照外套、裤子、棉衣、袜子、内衣等类别进行分类的，但是等你真正穿的时候你需要在外套中选一件、裤子中选一件、棉衣中选一件、袜子中选一双……然后组合搭配起来。你根据什么选呢？是根据你今天出席的场合，也即图1-3右侧知识图谱中的问题，你要解决你的出席场合给你提出的着装问题，在你的衣橱里选择搭配出一套衣服。

 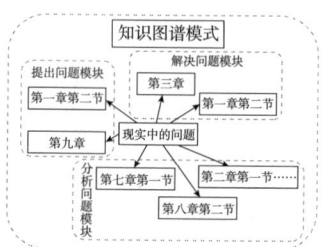

图 1-3 知识体系和知识图谱

法学院目前教给学生的是左侧的知识体系,也即一个完整的衣橱。① 采用这种方式培养学生的好处在于法学知识体系完整,但是缺点在于学生可能不会"搭配"(解决问题)。现实生活中,我们能遇到很多已经拥有一柜子衣服但还是一直嚷着自己没有衣服穿、总是需要添置衣服的人。但是我们也能看到另外一些人,他们衣橱里的衣服数量不算太多②,但是每每都能搭配出精妙的、适合各种场合的着装。这就是知识体系和知识图谱的关系,也能

---

① 这是在学生对知识掌握得很好的情况下,我们认为学生拥有了一个"完整衣橱"。但很多同学对基础知识和理论不重视,成绩也很一般,他们的衣橱其实是破损和残缺的,并没有被建立起来。

② 虽然数量不多,但是得满足基本需要,如果衣橱里衣服的数量太少,有思维也没办法搭配。

反映出我们目前教育的一个短板——我们给了学生很多知识,却没有教给他们怎样运用这些知识解决现实中的问题。

再举一个真实的例子来说明我们法学教育的现实困境。法学生在大学期间会接触几十部法律,其中不乏民法、刑法、商法、经济法、宪法等这些重要的法律。有一次,一个学生很沮丧地问我:"老师,我都学习了三年法律了,为什么我回家的时候,我妈问我隔壁老王的债务需不需要父债子还这么简单的问题我都回答不了?"我说:"因为你只学了知识,但是你并不会用这些知识解决现实中的问题。"

上述情况在我们开设了模拟法庭课程之后有所好转,在模拟法庭课程中,我们要用一个真实的案件,讲授法律实践中的律师是怎样运用法律知识解决法律问题的。学生在拿到案件之后,首先,要调动自己所学的法学知识来确定这是一个什么法律问题;其次,要在自己的大脑中搜寻学过的知识,找到这个案件对应的法律依据,然后根据法律依据作出判断。这就是法律思维,即运用法律知识解决现实中的法律问题的思维,也是批判性思维在具体学科中的应用。

通过上文的例子已经能够看出,我们的知识在学习的时候都是以知识点的方式呈现给我们的,如某某概念、某某特征……但是在实践应用的时候你不能直接上概念,你需要调出相应的知识点并把这些知识点整合,然后对摆在你面前的纠纷作出判断。这个依据法律知识、通过推理解决问题的过程其实就是法律思维的过程,你能清晰地看到法律知识在这里是怎么被运用和激活的。如果没有实践,没有思维,你学到的法律知识将永远存储在大脑这座仓库里不见天日,甚至腐烂。只有在法律思维的指导下,你才能调动知识、整合知识以及捋顺它们之间的关系,通过推理,对事物作出判断,进而采取对策,大脑中的知识才能变成活的知识!

所以,学生需要的不仅是一整套学科知识体系,还需要一个能够帮他们在实践中解决问题的方案。而这套解决方案就是知识图谱(图1-3右侧)的底层原理——法律思维。现行法学教材中的"知识体系"与实践中运用法学知识形成的"知识图谱"① 是不同的。按照学科知识体系编写教材的好处就是学完了教材你头脑中会有一个完整的知识体系，但缺点就是这个知识体系跟你怎么在实践中运用知识没太大关系，也就是说你学完了，还是不会用。相反，如果我们以现实中的问题为导向，直接向学生展示从现实的问题角度观察知识和知识之间的关系的新结构——知识图谱，它的好处在于你能够知道不同的知识点在实践中是怎么勾连在一起的，但是缺点是这样学到的知识是碎片化的，缺乏整体性。所以，当我们弄清楚了知识体系和知识图谱之间的不同，那么最好的学习方式无外乎是两者兼顾。在学习完了知识体系之后，在法律思维的指引下发现知识点之间的实践联系，然后再构筑一个"知识图谱"，这样就能解决传统法学教育因过分专注于知识传递导致的人才能力培养缺乏的问题。

(二) 法律思维与一切法律人需要的能力有关

法学教育一直声称要培养具有实践能力、创新

---

① 知识图谱在本书中是指把不同类的知识连接在一起得到的一个关于知识之间的关系的网络，与以学科逻辑为中心构建的知识体系不同，知识图谱中的每个知识点（节点）都代表现实中的"实体"，每条边为实体和实体之间的"关系"，通俗一点讲，知识图谱提供了从现实的问题角度建构的知识和知识之间关系的新结构。

能力、沟通能力以及解决问题能力的人才,这样的表述不仅见于教育部的各种政策文件之中,也时常体现在各法学院校的人才培养方案之中。但是,究竟如何培养实践能力、创新能力、沟通能力和解决问题的能力?或者我们干脆问得再彻底一些,这些都是什么能力?内涵是什么?外延是什么?通过怎样的方式可以被完整地培养出来?

很遗憾,这些在法学教育界都是模糊的,也即法学教育界根本不知道通过什么可操作、可量化的方式来培养具备上述能力的人才。但是,如果引入法律思维的培养,上述法律人才培养难题就很容易得到解决。我们接下来还是借助法律思维的概念和要素来解读一下法律人应当具备什么能力以及怎样通过法律思维培养这些能力。

上文提及,法律思维与所有思维一样,都具有三要素——问题、结论和前提,在图1-4中,我们很容易看出,法律思维能够帮助学生获得解决问题的能力。法律思维本身就专注于问题的解决并且将问题解决清晰地划分为三个要素,即要为法律问题提供前提充分的结论。学习法律思维就等于在培养解决问题的能力,而且在解决问题的过程中,学生使用的是其在日常课堂中学习的知识，即法学知识充当解决问题的前提，因此我们又同时获得了运用知识的能力。

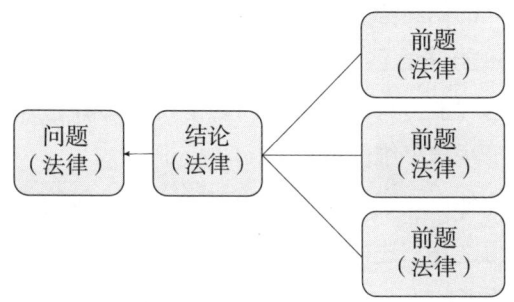

图1-4 法律思维的要素

由于法律思维又以现实中的具体问题为导向，强调对实践中的问题作出良好的（或者最优化的）决策，因此，学习法律思维又能够帮助学生获得实践能力。以上还都是在既有知识的框架内讨论法律思维，即学生解决问题使用的是他们在课堂上学习的书本知识（也即既有知识）。但是，如果在解决实际问题的时候，学生发现书本上的知识（既有知识）不够用了。为了解决问题他还需要冥思苦想寻求解决方案，在这种情况下一旦问题得到解决，新知识也就产生了。相应地，创新能力也得到了发展。对，创新能力就是生产新知识的能力，它是指在既有知识不能解决现实问题的情况下，只能通过生产新知识才能解决问题。那么为了解决问题，人的创新能力就很容易被激发出来。所以，我们耳熟能详的创新能力其实是指生产新知识的能力，这种能力只能在解决问题中得到培养，并且脱离不了法律思维的加持。

此外，除了上述解决问题能力、实践能力、创新能力之外，法律思维的学习还能够培养学生的合作和沟通能力、自学以及终身学习能力。理解这个问题还是要放在法律思维的本质——解决问题的场景里。当我们培养的学生在解决问题的过程中意识到单独依靠自己的力量无法解决问题时，在法律思维（即以解决问题为导向的思维）的引导下，他们必然会寻求外在的帮助，寻找潜在的合作者并进行有效沟通，否则问题无法得到有效解决。所以你看，法律思维的培养有助于发展学生的合作和沟通能力。

关于自学以及终身学习能力依然要放在法律思维的解决问题的场景中来观察，在图 1-4 中，为了解决问题必须具备充分的前提，这里的前提通常是相应的知识或者信息（本书第三部分会详细介绍），如果这部分知识或者信息是法律人当前不具备的，那么在解决问题动机的驱动下，法律人会自行学习相应的知识或者获取相应的信息来求得对问题的正确解决。这就是自学，也是人们口中的内驱力的来源。这也解释了为什么填鸭式的知识教学往往会引起学生的反感，直接给学生现成的"知识"，他们都不爱学，甚至还会厌学。但是在解决问题的驱动下，学习者往往会自行获取知识。这也是主动学习和被动学习的区别，提示我们要将学生的学习（在本书中则是法律的学习）放在相应的问题场景之中，让他们感受运用知识解决问题的作用和魅力，从而激发起主动学习的意愿。当我们将法律思维的场景放置在人的一生中，你就会发现，具备法律思维的人为了应对生活中不断出现的问题（出于不落伍、不被时代淘汰等目的），就会不停地获取相关前提（表现为知识或者信息），如果这种学习的行为一直贯穿其生命的始终，则被称为"终身学习"。

介绍这一段的目的是强调法律人理想中的所有能力都不是单纯通过知识学习就能获得的，是需要借助法律思维才能获得的。在由"问题—结论—前提"三要素构成的法律思维场景中,你会发现它能帮助法律人获得解决问题的能力、实践能力、运用知识的能力、合作和沟通能力、自学以及终身学习的能力。法律思维概念和要素的明确化,也为法学教育界关心的法律人相应能力的培养找到了实现的路径。

(三)法律思维是法律人在 AI 时代的必备技能

要想认识到法律思维在 AI 时代对法律人的意义,需要从法学教育的特征和 AI 对传统法学教育的挑战说起。如上文所述,在洋务运动后期形成的中国传统高等教育主要以知识传递为主,是一种信息差的学习。是否接受过教育的差别体现在人们是否拥有一套完整的学科知识体系,例如法学知识体系是否完备是法律人和非法律人之间的差别。这种教育模式偏向知识体系教学,并不是实践中所需要的知识图谱教学。这种偏重知识传递的教育模式的形成有其历史原因。当时,知识的学习对中国而言是紧迫的,中西方之间的信息差巨大,国民处在新旧文明的更替之中,知识代表的信息差也是巨大的。一句话,那时候只要掌握一门具体学科的知识就足以显示出一个人在教育上的优势。随着互联网时代的兴起，也随着中国高等教育普及化运动的发展，信息差（以知识传递为主）教育模式越来越受到挑战。一方面是由于信息（包括知识）的获取不再困难，不再是进入大学才能接触到的。另一方面随着社会和相关学科的实践深入发展，只有知识而不能解决实际问题的人也不再稀缺甚至不被需要。

上述知识传递即信息差的培养模式带来的问题已经被广泛关注并且反馈到教育体制的改革中，相应的，以法学为例，大学引入了实践课程、模拟法庭等强化学生思维培养的环节。然而，这种发展是缓慢的，虽然这些实践类课程推行了很多年，但是由于缺乏对思维底层原理的研究，教学效果和人才培养的成效始终无法量化。一句话，法学教育内部自行推动的从知识传递转型到思维培养的过程是缓慢且缺乏显著进展的。这使得虽然法律思维培养已经被提倡了多年，但仍停留在探索阶段，缺乏完整的知识体系，也缺乏成熟的课程体系。

然而时代的发展并没有给法律人喘息的时间，人工智能（AI）呼啸着向我们走来了。人工智能擅长的就是中国传统法学（其他学科也一样）教育的知识培养，顷刻之间就可以将法学生在大学耗费 4~7 年学习掌握的知识全部收入"脑"中，传统教育的优势在 AI 面前荡然无存。笔者曾经去过很多律所和法院考察，原本由小助理承担的相应工作如法律检索、立案、归档、案情分析等全部都由各式各样的"机器人"代替。这让我们意识到，只要是可以重复的法律工作都将会被 AI 取代。以知识学习为主的法律学习正面临前所未有的危机。一时间，法学毕业生人人自危，生怕在踏入职场之前就已经被"三振出局"。可以说，AI 终结了以信息差为特征的传统知识教育，将人和人之间关于知识的竞争演变成以知识为基础的人和机器之间的思维竞争。也就是说，未来的法学行业竞争与知识没有太大关系，如何理解知识、应用知识和生产新知识成为法律人之间最大的差距。同样，法律思维也是法律人抵御 AI 取代风险的优势领域。

对于人工智能，一方面我们必须看到它不同于以往的工业革命的思路——用机器取代人的体力，人工智能开始取代人的脑力。但另一方面，人工智能取代的依旧是人的轻脑力，而绝非像解决问题（尤其是疑难问题）这样的高脑力活动（具体原理将在下文分析)。即人工智能取代的是只有知识而没有思维的人,是只会死记硬背而不会运用知识解决问题的人。面对这样的局面,法律人在 AI 时代不被人工智能取代甚至还可以驾驭人工智能使其为己所用就显得尤为重要。只有法律思维才能帮助法律人摆脱这样的困境甚至顺应 AI 时代的趋势重新站在行业巅峰。

第二章 法律思维的原理
——问题是如何被解决的

一、解决法律问题的要素

法律思维的要素与思维的要素是一致的,都包含问题—结论—前提,只不过就法律思维而言,我们需要解决的是法律问题,使用的是法律的前提,得出的是法律的解决方案。值得注意的是,这里的前提是非常复杂的,根据不同的论证类型,前提有可能包含大前提、小前提,也有可能包含未表达前提和前提;在法律实务的范畴中可能幻化成法律规定(俗称法条)和案件事实(通常表现为证据),在法学论文写作中也可能幻化成法学理论和法学实践。这些内容我们会在下文相应的部分进行讲解,我们此处就用三要素:法律问题—法律结论—法律前提来标记法律思维的要素。

第二章 法律思维的原理

我们用一个例子来说明解决法律问题的要素。张三出生于1998年3月,与同村的李四是邻居,两人长期因为自家耕地的边界发生纠纷。2021年3月,张三认为李四再次侵占了自家的耕地,于是与李四发生口角,在激愤中抄起放在田间的镐头,朝李四头部猛砸了十几下,李四头部顿时鲜血直流,当场毙命。请问,张三是否构成故意杀人罪?解决法律问题的三要素在这个案件中是如何体现的?

首先,我们确定本案的待解决问题是——张三是否构成故意杀人罪。

其次,我们来锁定解决这个问题涉及的前提,一共有两个,分别是法律规定和案件事实(通过证据呈现)。[①] 学习法律的人或者律师通常是从犯罪构成的"四要件"来进行分析。[②] 根据刑法学原理,故意杀人罪有四个构成要件(如表2-1所示):

[①] 这个前提就是理性思维中所提及的"依据客观真实",无论是法律规定还是案件事实都是客观存在的,不以人的意志为转移。

[②] 我们为什么要锁定犯罪构成的"四要件"?原因是法律思维要求我们依据"客观真实",经过推理来作出判断。而犯罪构成的"四要件"就是客观真实,是法学知识。

表 2-1　故意杀人罪的构成要件

构成要件	具　体　标　准
主体要件	故意杀人罪的主体是一般主体,即我国《刑法》总则规定的达到法定刑事责任年龄、具备刑事责任能力的一般身份的犯罪主体。
主观要件	故意杀人罪在主观上须有非法剥夺他人生命的故意,包括直接故意和间接故意。即明知自己的行为会产生致他人死亡的危害后果,并且希望或者放任这种结果的发生。
客观要件	实施了剥夺他人生命的行为,行为人的危害行为与被害人死亡的结果之间必须具有因果关系。
客体要件	故意杀人罪侵犯的客体是他人的生命权。法律上的生命是指能够独立呼吸并能进行新陈代谢的、活的有机体,是人赖以存在之前提。

这是一个既定案件,即案件事实已经确定。很多实践中的案件,它们的事实是需要查明的,是不会这么给定的。这就是课堂上讨论的案件和实践中真实案件的区别,这一点我们在下文会详细展开。读者们只需要记住本案中的案件事实是确定的,是明确的,是已经给定了的。通过对事实和相关证据的整理,我们发现,张三出生于1998年3月,符合故意杀人罪的主体要求。张三在主观上存在直接故

意，这个可以从他的行为上推断出来，作为一个农民，他应该明知自己用镐头敲击别人的头部会产生他人死亡的危害结果，他追求这种结果发生，而且他砸了有十多次，不可能不是故意的。实践中，犯罪嫌疑人的主观方面很难直接判断，只能借助一些客观事实进行推测，这个问题我们也在下文展开。张三在客观上实施了故意杀人的行为，这个证据是确凿的，因为张三用镐头猛击李四头部十余次。最后，李四被剥夺了生命权，检察机关提供了尸检报告。

最后，我们用表2-2来呈现结论以及整个解决过程中三要素之间的互动。注意表2-2中的问题、结论、前提的位置可以根据需要进行调整，它们的不同位置只是为了呈现结论和前提之间的关系，并不影响问题的解决。

表 2-2 张三构成故意杀人罪中的三要素及其互动

问题	大前提(构成要件)	小前提(证据)	结论(每个要件的)	最终结论
张三构成故意杀人罪吗?	主体要件:达到刑事责任年龄,具备刑事责任能力	1. 张三身份证表明其出生于1998年3月1日	1. 年满16周岁 2. 张三符合故意杀人罪的主体要件	张三构成故意杀人罪
	主观要件:直接故意是指明知自己的行为会产生致他人死亡的危害后果,并且希望这种结果的发生	1. 使用镐头作为工具 2. 向李四头部猛砸过去	1. 农民出身的张三明知道镐头(十余次)会有生命危险,且追求这种危险结果的发生 2. 张三主观上具有直接故意	
	客观要件:实施了剥夺他人生命的行为,行为人的危害行为与被害人死亡的结果之间必须具有因果关系	1. 张三向李四头部实施了打砸的行为 2. 李四当场死亡及尸检报告 3. 镐头上有李四的血迹	张三实施了杀害李四的行为	
	客体要件:故意杀人罪侵犯的客体是他人的生命权	1. 李四的尸检报告 2. 现场勘察报告	1. 李四已经死亡 2. 李四的生命权被侵害	

这样，我们就通过一个法律案件将法律问题解决所涉及的三要素：问题—结论—前提呈现出来了。这里的问题是一个法律问题，这里所依据的前提是法律规定和相关案件事实，结论也是一个具有法律意义的判断。所有法律问题的解决都要符合这三要素，这是解决法律问题的底层原理。当然，这个案子比较简单，法律人对此都非常熟悉且不存在理解障碍，我们只是用这个简单的案例来呈现我们关注的法律思维的三个要素。

二、正确解决法律问题的两个条件

法律是一件非常严肃的事情，它对于问题的解决总是追求正确的结果，即结论，如果结论不正确，那将是灾难性的。若想针对法律问题得出正确的结论需要满足两个条件，第一个条件是前提为真，即法律人必须保证自己的前提是真实的，包括大前提和小前提；第二个条件是前提能推出结论，即前提和结论之间的关系应当是前提是充分的，足以推出结论。

我们还援用上文张三的案件，为了证明张三构成故意杀人罪或者张三构成故意杀人罪这一结论是成立的，我们必须保证我们的前提为真且前提能推出结论。我们首先看一下前提是否为真，表2-2中的大前提即法律规定是故意杀人罪的犯罪构成要件，是判断一个人是否构成故意杀人罪的客观真实，这对法律人来讲都不陌生。构成要件一共有四个，这是由刑法学理论决定的，也是客观真实。至此，大前提是没有问题的。我们再来看小前提，即张三的具体情况。张三的身份证显示的身份信息、张三的主观状态以及客观行为，张三对李四生命权的剥夺都有客观的证据支持，这些证据经过真实性的检验可以确定为真。至此，我们可以认定，大、小前提均为真，且四个前提是证明张三构成故意杀人罪的必要且充分条件。

上文是一个法律人思考问题的方式，我们转换一个场景来看看非法律人是怎么看待张三是否构成故意杀人罪这个问题的，然后看一下两种思考过程的差别。假设张三的邻居赵大娘得知张三和李四发生了纠纷，但并不知道详情。这时候有人问赵大娘："你觉得张三是杀人犯吗？"（即张三是否构成故意杀人罪，此处用口语方式表达）。赵大娘脱口而出："他看着就像个杀人犯，你看看他的头发染成红色，整天穿着乱七八糟的衣服。"我们来仔细分析

第二章 法律思维的原理

一下赵大娘解决问题的三要素：问题—结论—前提。问题与上文一样——张三是否构成故意杀人罪。前提不同，赵大娘给出的理由（前提的别称）是：其一，头发的颜色；其二，身着的服饰。让我们停下来思考一下，这两个前提是否为真？经过走访调查，张三的头发颜色和服饰确如赵大娘所说，所以这两个小前提为真。但这两个前提能推出结论——张三构成故意杀人罪吗？不能，因为这两个前提与一个人是否构成故意杀人罪没有关系。

你看，这就是法律思维和非法律思维的区别。赵大娘依据的根本不是法学的犯罪构成要件原理，而是以头发颜色和服饰为前提对一个人是否犯罪发表观点，这两个前提根本推不出结论。法律人不会用自己想象中的前提来思考问题，而是从法律规定等客观的前提出发去考虑问题。从上文可以看出，法律思维是一种专业思维，是一种只有受过法学教育的人才能从事的活动。没有法律的相关学习背景很难像法律人一样思考。但不是所有法律人的一切法律思维都过硬，他们也要不断地检视自己的前提是否为真，前提能否推出结论，否则也不能保证自己的结论是正确的。

三、解决法律问题的步骤

法律问题的解决会经历几个步骤呢？这个问题也难不倒法律人，他们会脱口而出三个阶段：提出问题、分析问题和解决问题。这里表述没什么问题，但缺了一点东西。这里提出问题、分析问题和解决问题的三个步骤全部都发生在法学领域，但是法律是对社会生活的反映，我们提出的问题一定是有现实基础或者有现实需求的，所以正确理解法律问题的解决恐怕还要将三个步骤延伸到现实生活中将其变成五个步骤，如图2-1所示。

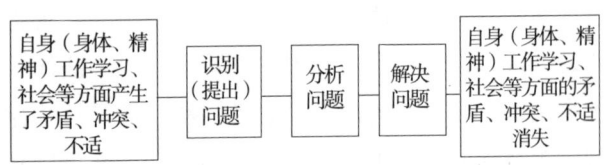

图 2-1　解决问题的步骤

我们先用一个生活中的例子来还原解决问题的五个步骤，然后再回到法律领域探讨问题。假设你牙疼，疼了一夜一直睡不着。第二天一大早你来到医院，医生给你检查之后确认你患上了龋齿。在这个过程中，你的身体出现了不适（牙疼）只是一个现象,虽然老百姓日常生活中也会把牙疼叫作问题,但是这依旧是现象级别的问题,什么时候来到我们所说的三要素中的"问题"层面?是经过专业人士(医生)诊断才确诊,即提出了问题。所以你看,所谓的提出问题是指提出一个专业问题,并不是日常人们所说的问题。但要注意的是专业问题是以现实中的"问题"(现象或现象级别的问题)为载体的,否则所提出的问题就是一个虚假的问题,不是一个真问题。例如,人家牙不疼也没有什么医学数据说明有问题,你非得说人家牙有病,还得出了所谓的"龋齿"的诊断。这样的"提出问题"是空中楼阁,是莫须有的。

从现象级别的问题上升到理论级别的问题(提出问题)的一个明显标志就是出现了专业术语,例如在上文的牙疼例子中,相较于普通老百姓口中的牙疼,医生诊断为"龋齿"。这个"龋齿"就是专业词汇,它标志着现象级别的问题——经过专业人士的识别——上升为理论级别的问题。而能否将现象级别的问题上升为理论级别的问题,即提出问题,也是解决问题的至关重要的环节。爱因斯坦曾经说过:"提出一个问题,比解决问题更重要。"问题一旦被提出，只需要循着问题的定性就可以找到解决问题的方法。我们接下来继续看爱因斯坦的话为什么是正确的。当被医生诊断为龋齿之后，你一定想知道我为什么会得龋齿。这时候就进入了分析问题的环节，医生会向你解释你患龋齿的原因。分析完原因之后，就会进入解决问题的环节。这时候你会发现，只要你的牙疼被定性为龋齿，你的解决方案就只能是依照龋齿的原理来进行治疗。所以对问题的定性就决定了解决方案是怎样的，从这一点来看，识别问题（或者称提出问题），是一个至关重要的环节，它涉及给问题定性。实践中，有些病之所以没办法治疗，多数情况是因为无法确诊，这些病被称为疑难杂症。

当你接受了医生给你提供的解决方案之后，经过治疗，你的龋齿痊愈了。这时候现象级别的问题消失，你的身体不再疼痛，整个解决问题的环节（一共五个步骤）也完成了。所以，法律人要明确的一点是，提出问题、分析问题和解决问题的三个步骤其实是发生在专业领域的，问题不是凭空产生的，是从现实中来的。同理，当你解决了专业问题之后，现实中的问题也就消失了。

我们再把视线投向法律领域，在上文的张三的案件中，张三向李四头部猛砸导致李四死亡是现象级别的问题，这个问题如何定性即提出问题是法律人思考的起点。通常在没有其他干扰因素的时候，法律人很容易将其识别或者定性为"故意杀人罪"，但如果李四长期威胁张三并且在案发当天先动手，则张三虽然有向李四头部猛砸导致李四死亡的行为，但有可能构成正当防卫（或防卫过当）。在后文中提及的于欢案中就存在这种情况，一审、二审对行为的定性是不同的，于是案件被发回重审。一旦将张三的案件识别为"故意杀人罪"，后续整个论证的思路就围绕故意杀人罪展开，最后的定罪量刑也都会依据故意杀人罪确定。一旦将张三的案件识别为"正当防卫（或防卫过当）"，后续整个案件的辩护思路就会围绕正当防卫展开，最后可能是宣告无罪或仅判决一些民事赔偿。

四、各步骤的细节图及现实中的不同表现形式

（一）各步骤的细节图

我们在上文详细介绍了解决问题的三步骤和

五步骤,其中五步骤的第一个和最后一个步骤都不属于专业领域,而是社会生活中由于问题的存在引发的失衡、冲突等现象。列明这五个步骤就是提示法律人,法律来源于社会生活,解决法律问题必须以社会中存在的真实需求为导向。本部分我们要深入解决问题的各个步骤的内部结构,深刻揭示问题是怎样在细节上被把控和解决的。

提出问题、分析问题和解决问题的三步骤发生在专业领域,这三个步骤构成一个完整的问题解决环节,但同时,每个步骤又都是一个相对独立的解决问题的小环节,各自都包含完整的解决问题三要素:问题—结论—前提,如图 2-2 所示。

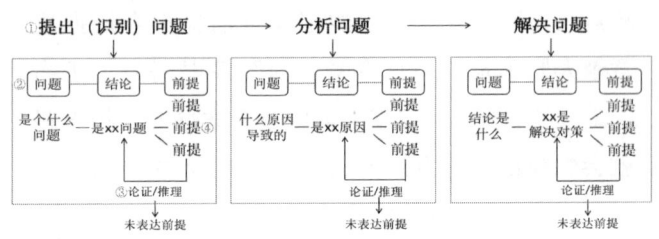

图 2-2　各步骤细节图

从图 2-2 中我们可以看出:

- 提出问题是一个独立的解决问题过程,包含

第二章 法律思维的原理

单独的"问题—结论—前提"三要素,提出问题部分解决的"问题"是——这是个什么问题。"结论"可能是上文提及的龋齿或者故意杀人。"前提"是能够推出结论(龋齿或者故意杀人)的理由。[1]

- 分析问题部分解决的"问题"是——什么原因导致了这个问题。"结论"是可能导致龋齿的原因或者构成故意杀人罪的原因。"前提"是能够推出结论(诱发龋齿和故意杀人)的理由。

- 解决问题部分要解决的"问题"是——这个问题的解决方案是什么。"结论"可能是根管治疗或者判处死刑缓期执行。"前提"是能够推出结论(根管治疗或死缓)的理由。

仔细观察图2-2我们会发现,这是一张关于法律思维原理的非常完整的图,突出展示了掌握法律思维原理需要了解的四方面内容:序号①表示法律思维的步骤包含提出问题、分析问题、解决问题三个环节。序号②表示法律思维的要素包含问题、

---

[1] 图2-2中标有未表达前提,未表达前提是前提能否推出结论的保障,相当于上文张三案件中的大前提,但其在不同场合会有不同的表达,如假设、潜意识等。关于未表达前提的详细介绍我们会在下文展开,在此仅先作一般了解。

结论、前提三个组成部分。序号③表示论证是法律思维的重要环节，也是法律人必备的基本能力（我们将在第三章专门论述）。序号④表示前提是法律思维的重要环节，也是法律人必备的基本能力（我们将在第四章专门论述）。

(二) 解决问题的步骤的不同表现形式

1. 分析与分析问题

为了解释在实践中解决各种类型的问题的不同步骤和形态，我们先需要区分一下分析和分析问题这两个相似却又不同的概念。分析问题是指解决问题步骤中的分析问题环节，这个好理解。分析是指在一个解决问题的单元（一个完整独立的"问题—结论—前提"三要素）中，将问题拆分成不同的方面逐一进行考察。这些不同的"方面"就构成了得出结论的前提。分析中的"分"是指拆分，"析"是指考察。还以上文张三构成故意杀人罪的案件为例，为了验证张三是否构成故意杀人罪，需要将这个问题拆分成四个方面，即犯罪构成的四要件，如表2-1所示。

第二章 法律思维的原理

表 2-1 故意杀人罪的构成要件[①]

构成要件	具 体 标 准
主体要件	故意杀人罪的主体是一般主体,即我国《刑法》总则规定的达到法定刑事责任年龄、具备刑事责任能力的一般身份的犯罪主体。
主观要件	故意杀人罪在主观上须有非法剥夺他人生命的故意,包括直接故意和间接故意。即明知自己的行为会产生致他人死亡的危害后果,并且希望或者放任这种结果的发生。
客观要件	实施了剥夺他人生命的行为,行为人的危害行为与被害人死亡的结果之间必须具有因果关系。
客体要件	故意杀人罪侵犯的客体是他人的生命权。法律上的生命是指能够独立呼吸并能进行新陈代谢的、活的有机体,是人赖以存在之前提。

一个故意杀人罪的案件必须被放置在表 2-1 的这四个构成要件中进行考察,相应地,张三是否构成故意杀人罪这个"问题"就被拆分成四个要件:主体要件、主观要件、客观要件、客体要件,这四个要件构成了得出张三案件结论的四个前提。拆分过程考查法律人的法学理论功底,只有在充分掌

---

① 为方便读者阅读与理解,书中有些图、表会反复出现。

握犯罪构成要件的基础上才能对问题进行准确的拆分。这样，我们就完成了"分析"这个活动中的"分"，接下来我们继续来看一下"分析"这个活动中的"析"。

"析"是指考察，在确定将一个问题拆分成若干方面之后，要逐一对每个"前提"（方面）进行考察。还以上文所提及的张三案件为例，如表2-2所示，我们就要逐一考察每个前提是否符合实际。经过跟实践中证据的结合，我们发现每个前提都是充分的（即每个要件都成立），最终可以推断出——张三构成故意杀人罪。

所以，所谓的"分析"，实际上就是将一个复杂问题先拆分，这种拆分必须符合客观真实，符合相关理论的要求，例如上文张三的案件中拆分的四个要件是由刑法学理论和法律规范决定的，并不是人们主观想象的，然后再对每个拆分出来的方面逐一进行考察，最终完成对结论的证成和解释。所以，分析就是一个从问题到结论的过程，如果用图表显示的话，就是将问题拆成若干前提，并保证这些前提能推出结论，如图2-3所示。

第二章 法律思维的原理

表2-2 张三构成故意杀人罪中的三要素及其互动

问题	大前提（构成要件）	小前提（证据）	结论（每个要件的）	最终结论
张三构成故意杀人罪吗？	主体要件：达到刑事责任年龄，具备刑事责任能力	1. 张三身份证表明其出生于1998年3月1日	1. 年满16周岁 2. 张三符合故意杀人罪的主体要件	张三构成故意杀人罪
	主观要件：直接故意是指明知自己的行为会产生危害他人死亡的危害结果，并且希望发生这种结果的发生	1. 使用镐头作为工具 2. 向李四头部猛砸过去	1. 农民出身的张三明知道镐头砸头（十余次）会有生命危险，且追求这种危险结果的发生 2. 张三主观上具有直接故意	
	客观要件：实施了剥夺他人生命的行为，行为人的危害行为与被害人死亡的结果之间必须具有因果关系	1. 张三向李四头部实施了砸的行为 2. 李四当场死亡及尸检报告 3. 镐头上有李四的血迹	张三实施了杀害李四的行为	
	客观要件：故意杀人罪侵犯的客体是他人的生命权	1. 李四的尸检报告 2. 现场勘察报告	1. 李四已经死亡 2. 李四的生命权被侵害	

049

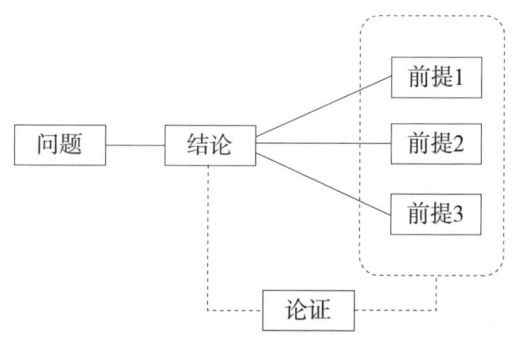

图 2-3 三要素与分析

这样我们就将分析和分析问题环节区分开了,结合图 2-2 各步骤细节图我们能发现,每个解决问题的步骤里都包含一个分析过程(即拆分出前提以及保证前提能推出结论),即提出问题包含"分析";分析问题包含"分析";解决问题包含"分析"。此外,在整个解决问题环节中还包含一个分析问题,其目的是解决造成当前问题的原因是什么(分析问题环节中的问题),通过"分析"(分析问题环节中的前提),我们能得知真正的原因(即分析问题环节的结论)。

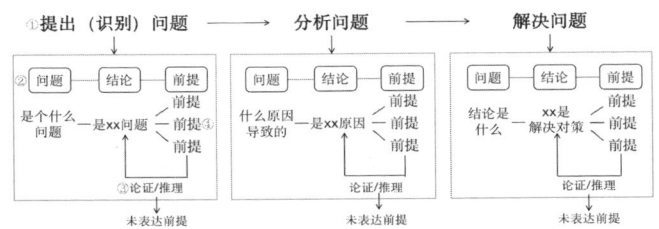

图 2-2 各步骤细节图

之所以要先解释分析和分析问题,是因为我们在日常学习工作中经常使用"分析"一词,也会使用"分析问题"一词,这两个词是混用的,如果不能明确使用场景就会造成混乱,也不太能够从底层理解不同问题解决过程的不同步骤和表现形式。比如,有人说我要分析这是个什么问题,他使用的"分析"可能只是代表提出问题中的寻找"前提"的过程。有人说分析这个问题看看怎么办,他使用的"分析"可能是指解决问题中的"前提"怎么确定。还有人说这个问题到底由什么原因导致的?分析一下原因。这可能指的是分析问题环节,当然分析问题也包含分析,即寻找原因的前提。

2. 结论和解决问题

与分析问题一样,结论和解决问题也经常被混淆。在一个解决问题的完整链条中的任何一个环节都包含结论,其中,提出问题部分的结论涉及问题的定性,分析问题部分的结论涉及原因是什么,解决问题部分的结论是解决方案。人们也经常将结论和解决问题混淆,当人们说你的结论是什么的时候,它既有可能是提出问题的结论,也有可能是分析问题的结论,但只有解决问题的结论才真正涉及问题的解决方案。值得注意的是,结论是一个广泛存在的概念,在任何一个论证中都包含结论,即便在提出问题环节,也可能包含多个结论,但最终的总结论只有一个。例如在上文张三的案件中,张三是否构成故意杀人罪这个问题必须符合四个构成要件才能得出最终的结论——构成。但其实每个构成要件都对应一个结论,即要在主体、主观方面、客观方面、客体上都符合要求才能共同推出一个总的结论。

3. 不同表现形式

根据所解决的问题不同,解决问题的步骤和环节就会有不同的表现形式,我们逐一来分析一下。

(1)最完整的形式。由于所要解决的问题是全链条的,即问题是什么、原因是什么以及解决方案是什么，因此这种形式就是图 2-2、图 2-4 所包含的解决问题的全部步骤，即要经过完整的提出问题、分析问题和解决问题三个步骤。

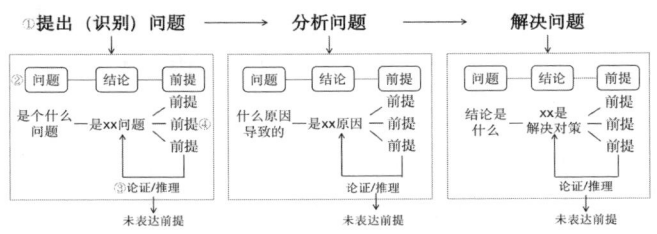

图 2-2　各步骤细节图

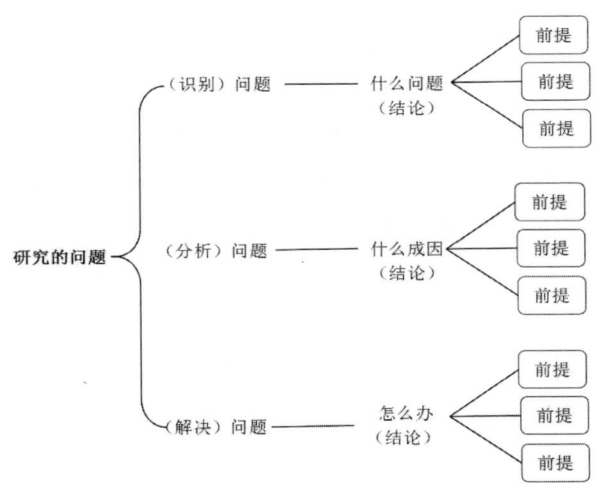

图 2-4　最完整的形式

如在上文张三的案件中,张三构成什么罪名是提出问题部分,通过对犯罪构成四要件的分析得出,张三构成故意杀人罪。张三为什么会构成故意杀人罪是分析问题部分,这部分可以从犯罪心理学、社会学等角度分析张三犯罪的原因。解决问题部分会针对如何处理张三构成故意杀人罪展开,如果在法律范畴内,就会涉及量刑问题,即对张三构成故意杀人罪的解决方案可能会涉及10年以上有期徒刑、无期徒刑以及死刑等具体刑罚,这个结论是由法律和张三具体的犯罪情形决定的。细心的读者可能已经发现了,这里的分析问题环节涉及张三犯罪的原因分析,也可以针对原因分析提出解决方案,如何预防故意杀人这类恶性刑事犯罪发生,那么解决方案可能是犯罪预防、社会治理等方面的措施。所以,分析问题部分通常会引发另外一个问题,这个问题可能会在张三这个案件的定罪与量刑之外。但是,这种最为完整的形式在实践中并不常见。

(2)最常见的形式,不需要像上文一样分析某一行为或者问题的原因,而是直接分析问题和解决问题。这是最为常见的形式,如图2-5所示。

第二章 法律思维的原理

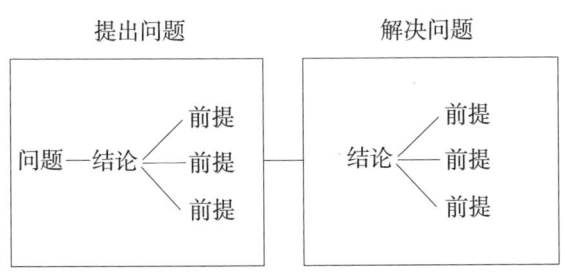

图 2-5 最常见的形式

在这种形式中，我们关心的是问题是什么以及怎么解决，分析问题部分会被我们忽略掉。比如在张三的案件中，张三的行为构成什么罪？这种罪如何量刑或者处罚？这是我们最为常见的法律思维的表现形式。在这种形式中只是没有明示分析问题环节但并不是没有"分析"。在提出问题环节有分析，具体指明张三构成故意杀人罪都有哪些前提。在解决问题中有分析，具体指明张三量刑的前提。通常，人们也会把提出问题的"分析"和解决问题中的"分析"当成分析问题环节。这种观点也没错，但要知道这种"分析"只是提出问题中的分析问题或者解决问题中的分析问题，并不是与提出问题、解决问题并列的分析问题环节。

（3）最简洁的形式，只有一个环节的问题需要解决，根据所要解决的问题不同分为只有提出问题、只有分析问题、只有解决问题部分，如图2-6、图2-7、图2-8所示。

提出问题

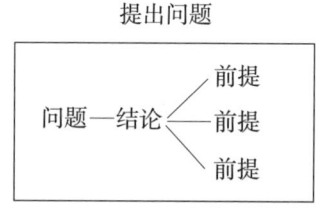

图2-6 最简洁的形式（1）

图2-6指出的情况是只有提出问题的形式，即在此种情况下对问题的定性是最为重要的，其他环节并不是当下所关心的，或者是没有疑问的。比如，在一些疑难案件中，行为人到底是触犯了刑法还是违反了民法？比如在许霆案中，许霆从存在故障的自动取款机中多次取钱的行为到底是构成刑法中的盗窃罪还是民法中的不当得利，这在当时是引发过争议的。虽然最后法院按照盗窃罪定罪，但关于此案的性质至今还存在争议。再比如于欢案，其行为到底是故意伤害还是正当防卫，这在当时也引

第二章　法律思维的原理

发了不小的讨论。

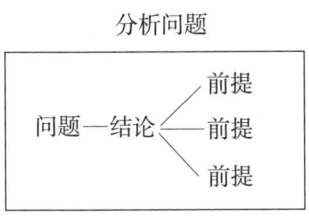

图 2-7　最简洁的形式（2）

图 2-7 指出的形式是只有分析问题的形式，即在此种情况下对问题的定性没有问题，只是对这种问题产生的原因存在困惑。比如在早些年的山西煤矿中安全事故频发，那些敦促煤老板增强安全措施的行政命令一直不能奏效，在这样的案件中，司法机关对煤老板的安全生产经营问题的定性没问题，但是为什么煤老板一直不增强安全保护措施则是一个问题。经过调查研究发现，这种安全事故频发的原因是煤老板增强安全措施的成本远远高于出了事故之后对死难员工进行赔偿的成本，违法处罚的力度不够大。在分析完这些原因之后，国家加大了对煤老板的惩罚力度并增强了行政监管，从而大幅减少了煤矿生产事故的发生。

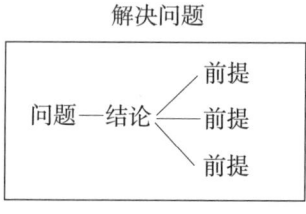

图 2-8　最简洁的形式（3）

图 2-8 指出的形式是只有解决问题的形式，即在此种情况下对问题的定性、问题的原因都没有争议，但对如何解决这个问题是有争议的。还是以许霆案为例，经过几轮研究（一审以及二审发回重审），法院认为许霆构成盗窃罪是成立的，但是如何量刑成为一个焦点问题。一审法院判处无期徒刑，重审一审法院改判为有期徒刑 5 年，这是在解决问题环节发生的争议和调整。

解决问题存在不同的表现形式是因为现实世界是丰富多彩的，有时候我们面对的问题形式是比较单一的，比如单纯确认问题的性质（即提出问题）、确认问题的原因（即分析问题）或者确认问题的解决方案（即解决问题）。有时候我们面临的问题形式比较复杂，比如既要确认问题的性质（即提出问题）又要确认问题的解决方案（即解决问题）。对于一个新出现的问题，我们甚至不仅要确认问题的性质和解决方案，还可能要深入分析产生问题的原因，防止问题再次发生，这类案件一般都会有较为深远和广泛的社会影响，以至于要挖掘原因完善社会治理。

第三章 法律思维对法律人的要求（1）：论证能力

——要保证前提能推出结论

法律思维对法律人的要求很高并且多样，从宏观上来讲包含提出问题的能力、分析问题的能力和解决问题的能力。但是从微观上来看，其实无论在解决问题的哪个环节，法律人都必须具备前提能力、论证能力和语言能力。本部分将系统阐述要想实现上文那样游刃有余地驾驭法律思维，法律人如何构建起前提与论证，如何用语言将上述工作最终呈现出来，包括书面语言和口头语言。

一、宏观论证能力

（一）论证的类型

论证有很多种类型，根据思维进程的方向，可分为演绎论证、归纳论证、类比论证。我们在这部分着重介绍这几种论证的类型。

1. 演绎论证

演绎论证(Deductive Reasoning)是一种由一般到特殊的论证方法,与"归纳法"相对,是指论证的前提与结论之间的联系是必然的,是一种确实性论证。演绎论证的逻辑形式对于理性的重要意义在于,它对人的思维保持严密性、一贯性有着不可替代的校正作用。这是因为演绎论证保证论证有效的根据并不在于它的内容,而在于它的形式。演绎论证最典型、最重要的应用,通常存在于逻辑和数学证明中。演绎论证最典型的例子是亚里士多德的三段论,即:

> 凡人都会死
> 苏格拉底是人
> 所以:苏格拉底会死

2. 归纳论证

归纳论证(Inductive Reasoning)是一种由个别到一般的论证,是由一定程度的关于个别事物的观点过渡到较大范围的观点,由特殊具体的事例推导出一般原理、原则的论证方法。传统上,根据前提所考察对象范围的不同,把归纳论证分为完全归纳论证和不完全归纳论证。完全归纳论证考察了某类事物的全部对象，不完全归纳论证仅仅考察某类事物的部分对象，并根据前提是否揭示对象与其属性间的因果联系，把不完全归纳论证进一步分为简单枚举归纳论证和科学归纳论证。现代归纳逻辑则主要研究概率论证和统计论证。归纳论证的前提是其结论的必要条件。

此外，与演绎论证不同，归纳论证的前提即使是真实的，结论却未必真实，可能为假。如果某天有一只兔子撞到树上死了，由此推出每天都会有兔子撞到树上死掉，这一结论很可能是假的。

我们可以用归纳强度来说明归纳论证中前提对结论的支持度。支持度小于50%，则称该论证是归纳弱的；支持度小于100%但大于50%，称该论证是归纳强的；归纳论证中只有完全归纳论证的前提对结论的支持度达到100%，支持度达到100%的是必然性支持。

演绎论证和归纳论证是我们最常用的两种论证类型，它们之间既有区别又存在联系。二者的区别主要表现在：

首先，二者的思维进程不同。演绎论证是从

第三章 法律思维对法律人的要求（1）：论证能力

一般到个别，结论是一个具体情况，不能超过前提的范围。正是因为结论没有超过前提的范围，因此演绎论证的结论是可靠的。归纳论证则相反，是从个别到一般的情况，是根据某一类事物的不同研究对象呈现出来的特征，进而推导出该类事物具有的共同特征。

其次，二者对前提真实性的要求不同。演绎论证要求大前提、小前提必须为真，大前提、小前提有顺序并且有层次。相比较而言，归纳论证的前提有可能为真，也有可能不为真，可以通过归纳论证进行验证。归纳论证的前提来源于演绎论证，但是归纳论证本身的前提是并列的，是通过列举的方式呈现出来的，归纳论证的前提有完全和不完全两种。

再次，结论所断定的知识范围不同。演绎论证的结论没有超出前提所断定的知识范围。归纳论证除了完全归纳论证之外，结论都超出了前提所断定的知识范围。因此归纳论证又是新知识产生的一种方式。

最后，前提与结论间的联系程度不同。演绎论证的前提与结论间的联系是必然的，也就是说，前提真实，论证形式正确，结论就必然是真的。归纳论证除了完全归纳论证的前提与结论间的联系是必然的之外，其余类型的归纳论证的前提和结论间的联系都是或然的，也就是说，前提真实，论证形式也正确，但不能必然推出真实的结论。

二者也存在联系：

第一，演绎论证的出发点是一般性知识、一般性原理，是人们都普遍接受的规则；但是归纳论证一般都是由个别情况推导出一般性知识，但是个别情况的前提也是一般性知识，而且归纳论证最后的结果是形成一般性知识，其又会被作为演绎论证的前提。也就是说，演绎论证通常要依赖归纳论证来为其提供一般性知识。

第二，归纳论证离不开演绎论证。其一，为了提高归纳论证的可靠程度，我们需要运用已有的理论知识，对归纳论证的个别性前提进行分析，把握其中的因果性、必然性，这就要用到演绎论证。其二，归纳论证依靠演绎论证来验证自己的结论。例如，俄国化学家门捷列夫通过归纳发现元素周期律，他指出，元素的性质随元素原子量的增加而呈周期性变化。后又通过演绎论证发现，原来测量的

第三章　法律思维对法律人的要求（1）：论证能力

一些元素的原子量是错误的。于是，他重新安排了它们在周期表中的位置，并预言了一些尚未发现的元素，指出周期表中应留出空白位置给未发现的新元素。

3. 类比论证

类比论证（Analogical Reasoning）亦称"类推"，也是论证的一种形式，是指根据两个对象在某些属性上的相同或相似之处，通过比较而推断出它们在其他属性上也相同或相似的论证过程。它是从观察个别现象开始的，因而近似归纳论证。但它又不是由特殊到一般，而是由特殊到特殊，因而又不同于归纳论证。类比论证分为完全类推和不完全类推两种形式：完全类推是两个或两类事物在进行比较的方面完全相同时的类推；不完全类推是两个或两类事物在进行比较的方面不完全相同时的类推。这种论证被广泛运用于科学研究中，但在人文社科领域也有运用。比如在法学领域——如果一个规则适用于甲案件，而乙案件在实质上与甲案件类似，那么适用于甲案件的规则也可以适用于乙案件。这在古代罗马有一个经典的案例，古代罗马的法律规定，如果四脚动物伤人，动物的主人则要承担责任。这条规则一直运行良好，没有受到挑战，直到有一天，有人从非洲带回来一只鸵鸟，而正是这只两只脚的动物伤到了人，于是伤者将这只鸵鸟的主人告上了法庭。在庭审过程中，双方针对四脚动物伤人的规则能否适用于鸵鸟伤人案展开了激烈的论辩。最终法庭支持了原告一方的主张，判决鸵鸟的主人应当承担赔偿责任。原告一方在此案中使用的就是类比论证，既然四脚动物伤人，其主人要承担责任，这样的规则也可以类推适用于两只脚的动物伤人的情况，这起案件被认为是法律领域类比论证的起源。后来，在美国历史上也发生了一起类比论证的典型案件。美国海关对进口水果和进口蔬菜规定了不同的关税，进口水果的关税要低于进口蔬菜的关税，两者差距还很大。有一家著名的美国食品供应商从非洲进口了一批西红柿，在报关的过程中，他们将西红柿按照水果的品类申报关税，但是海关方面认为西红柿应该按照蔬菜的品类申报关税。于是双方吵得不可开交，将案子提交到法庭。双方律师围绕西红柿是否属于水果提供了大量的类比论证。这在美国历史上是关于类比论证最为著名的案件，你若是感兴趣，可以把它找出来并

第三章　法律思维对法律人的要求（1）：论证能力

进行详细的阅读，它可以帮助你很好地了解在什么情况下我们会使用类比论证这种形式以及怎样使用。

（二）论证对语言的要求

我们之前提及，法律思维是一种理性思维，理性思维的一个最大特征是要求我们依据客观真实作判断，避免受到主观喜好、倾向、情绪等的影响。所以，在语言表达上要中立客观、精准。所谓的精准，就是指在论证过程中使用的语言必须能够准确地表达说话者的意图，不能留给听众想象的、猜测的和模糊的空间，否则容易使说话者的意图在传递的过程中被误解和产生偏差，不利于交流。我们常见的关于语言的错误，主要有以下几种类型：

（1）语言的情感色彩过重。法律思维要求语言是理性的，即便是表达情感，也是理性的表达。但是在我们日常的口头交流中，经常能够看到很多人使用的语言情感色彩特别浓厚，以至于影响了法律思维的效果或者不满足论证对语言客观准确性的要求。比如在一个庭审现场，被害人律师充满情感地说："犯罪嫌疑人人面兽心，犯下了滔天罪行，天理难容……"如果是在一个日常生活的场景里，被害人家属发表了上述言论,是情有可原的。但是在法庭上,被害人律师的主要工作是辅助证明犯罪嫌疑人构成了相应的罪名。律师发表这种充满情感的言论,不仅无助于证明犯罪嫌疑人的罪行,还有可能让法官怀疑其专业水准,毕竟法庭是一个依靠证据说话的地方,而不是看谁的情感充沛。在日常生活中也是如此,如果一个人说话总是添油加醋、添枝加叶,喜欢用夸张的手法,那么这个人在别人心目中的形象往往是过于感性的,可信度较低,跟理性也就更不沾边儿了。同样,最近网上热传的一个视频"法官妈妈的灵魂拷问"也涉及这个问题,视频说的是一名法官在审理一女子在分手后想要将曾经送给男友的价值40万元的礼物要回的案件时展开了"妈妈式"审问:"你这倒贴得贴到啥程度啊?你父母不管你啊?"这个视频一经传出就受到了"群众"的热捧,大意是说这位法官是非常称职的、有人情味的,一度上了热搜。但是实际情况真是如此吗?其实不尽然,且不说这个视频的录制以及在网上公开流传是否获得了当事人的允许,仅讨论该法官虽然是"妈妈式"的关心,但是超出了职业范围,违反了职业操守。法官穿上法袍出现在法庭上代表的

第三章　法律思维对法律人的要求（1）：论证能力

就是法律和国家公权力，需要依据法律结合事实对案件性质作出判断，给出法律上的认定结果。法官其实是没有权力评价个人行为的，尤其是在法庭这种场合。也就是说这位法官虽然问出了大众关注的问题，但是法官就是法官，有基本的职业素养和职业要求，不允许当庭这样评论当事人。我们思考一下，为什么正义女神是蒙着眼睛的？因为要隔绝外在的利益和个人情感，不受其干扰。所以，从这一点来看，这位法官并没有把握好自己的职业角色，这是通过她使用了饱含个人情感的语言表现出来的。

（2）语言容易引发歧义。这种情况是指表达者所使用的语言给听众留下了想象的空间，也就是说表达者所使用的语言存在两种或两种以上的理解，听众无法准确捕捉表达者到底是在哪种理解上使用的该特定表达。举个例子，能够证明我们身份的证件有很多种，包括我们的学生证、身份证、驾驶证、护照、教师证、工作证、会员证……在特定的场景下，对证件的要求是不同的。比如我进入学校，我提供工作证就可以了；当一个交警拦下我的车，我提供驾驶证也是足够的；当我进入火车站，我提供身份证是很充分的。但是在疫情期间，我进入医院，门口的门卫问我要证件，我就会产生疑问——你到底需要的是哪种证件？身份证肯定是可以的，但是如果我没带身份证，我的工作证可以吗？我的医保卡可以吗？我的驾驶证是否可以？这里对证件要求就不清晰。还有一次，我4岁的儿子问我:"妈妈，你能告诉我怎样画'生气'吗？"我很困惑地问他:"为什么要画'生气'？"我的儿子拿着他的图画书，上面有一幅黑白的图片，里面有很多小鸡在一块空地上吃虫子。图片的旁边写着:"请你拿出彩色的蜡笔画画，给图片增添一些'生气'。"原来，我儿子口中的"生气"是指生机勃勃的气氛，但是我听起来好像是发怒的那种生气。这就是语言产生了两种或两种以上的意思，进而在表达者和听众之间产生了理解上的分歧。

（3）语言模糊。所谓的语言模糊，是指使用的语言弹性比较大，使听众不能准确地捕捉到要点，进而造成表达者和听众之间的交流障碍。比方说，某学校的校规中有这样一段话：严重违反学校纪律的学生可以给予开除处分。那么，什么是严重违反学校纪律？怎么判断是否严重？这就是模糊。在日常生活当中，我们经常会使用例如"差不多"

第三章 法律思维对法律人的要求（1）：论证能力

"一小点儿""很大量""显著提升""大幅改进""深刻的"等词汇，但是这些词汇的意思其实都不明确，不能准确传达信息。还有一种模糊是语言使用过程中的断句不当造成的，如图3-1的文字到底是什么意思？

图3-1　语言模糊示例

（4）语言晦涩。我们的语言表达是为了交流，交流是为了让对方能够听懂。但是在日常的学习和生活中，有一些人经常会使用别人听不懂的语言。这就要求表达者在表达的过程中注意受众的知识水平、理解水平以及所处的社会阶层，选择那些容易被受众理解的词汇。比如有人将哲学描述成："哲学是由惊奇而发，在其注目之下，万物脱去了种种俗世的遮蔽，而将本真展现出来。由此，它把自己展现为一种真正解放性的力量。"普通人根本无法通过这个概念理解哲学是什么,也无法判断这个概念到底是正确的还是错误的。再比如一篇高考作文——《生活在树上》的节选:

> "我的生活故事始终内嵌在那些我由之获得自身身份共同体的故事之中。"麦金太尔之言可谓切中了肯綮。人的社会性是不可被除的,而我们欲上青云也无时无刻不在因风借力。社会与家庭暂且被我们把握为一个薄脊的符号客体,一定程度上是因为我们尚缺乏体验与阅历去支撑自己的认知。而这种偏见的傲慢更远在知性的傲慢之上。

这篇作文在网络上流传甚广,但是很多人表示看不懂。这是由于作者使用了大量的日常生活中并不常见的词汇,并且将它们按作者认为的"逻辑"组织起来。这样的表达,不管其最后被认定为一篇成功的作文还是失败的作文,都破坏了表达的一个基本原则——清晰明了,语言过于晦涩不利于交流。我们现在有很多专业书籍使用了大量专业的、深奥的、学术的、难懂的词汇,不利于学生和爱好

第三章 法律思维对法律人的要求（1）：论证能力

者阅读理解。

（5）语言的叙事观混乱。从通常意义上来讲，现实中存在两种叙事观，一种是个人主义叙事观，另一种是宏大主义叙事观。前者是指从个人的视角切入，以个人的感受、体验为观察事物的角度，适合描写微观层面的人、事、物；后者是指从超越个人的、更为宏大的集体主义的视角切入，以国家、社会、集体的需求和感受为观察事物的角度，适合描写宏观层面的人、事、物。这两种叙事观只是叙事切入的角度不同而已，两者并存是因为我们每个人都活在一个微观层面，这个微观层面与我们的日常生活、学习和感受息息相关；但是同时，人还活在一个宏观层面，也就是社会背景之中，当我们想要探讨有关社会规律的问题或者有宏大背景的问题时，个人的叙事观只是一种选择，还有另外一种从集体、社会和国家角度切入的叙事观——宏大叙事观。这是两种客观存在的不同的叙事观，都是我们所需要的，并无优劣之分。只是表达者需要考虑的是，在你所处的表达场景中，哪一种叙事观更为恰当。个人叙事观会把叙事中心放在个人身上，关注和注重个人的命运和处境，着眼于个人情感的表达、个人的观察和个人的感受，比如张爱玲、龙应台的文字一般采取的就是这样的叙事方式。宏大叙事观会把叙事的中心放在国家、社会层面，关注国家和民族的命运。从这个角度来看，你会发现在这种场合中经常使用的词汇有国家、民族、阶级、性别、富强、民主、文明……这些词汇的能量都比较大，叙事层面比较宏观。表达者在表达的过程中需要非常清晰地选择一个准确的叙事观，如果在一个侧重个人情感表达的场合，选择了特别宏大的叙事观会显得不合时宜，并且给人以假大空的不良印象；而如果在一个需要表达宏观视角、格局和集体主义观念的场合，你又错误地选择了个人叙事观，也会显得不合时宜并且给人以格局不够、眼光狭窄、站位不高的不良印象。生活在社会上的每一个人都以两种身份同时存在：一方面作为个体，他有个人的情感表达和体验感受；另一方面作为集体的组成成员，他也有社会化和宏观层面的需求。我们需要注意的是，不应该在集体主义的情况下过分宣扬个人的主张和感受；也不应该在个人主义的情况下用宏大视角碾压个人的生存空间。举个例子，当今的法国就是一个过分强化个人主义以至于影响了社会正常运行的国家。法国是一个福利较高的国家,在经济形势比较好的情况下,国家还能保障国民的高福利。但是,在经济形势不太好的今天,高福利给法国带来了很大的负担。法国政府试图降低相关福利标准或者提高税收,但每次都会引发大规模的罢工、抗议甚至暴乱。以疫情为例,国家根本无法对国民实施严格的隔离政策,甚至无法禁止大规模的娱乐、体育活动。公民不仅不会配合,还会以侵犯人权为由进行抗议。以上例子用来阐述个人叙事观和宏大叙事观之间的冲突,理性思维要求人们仔细区分这两种不同的叙事观,拿捏好分寸和尺度。

(6) 词语类型使用错误。汉语是一种比较复杂的文字体系,为了表达同一个意思,往往涉及很多不同的词语。这些词语会根据场合的不同、说话者的不同、交流对象的不同被区分使用。准确地体会这些词语之间的细微差别以及适用的场景也是论证对语言的要求之一。比如在不同的场合之下,我们使用不同的词汇表达同一个意思。描述一个人死亡,如果是在追悼会的场合,我们会使用逝世、辞世等相对正式的语言;但如果是在朋友交谈等非正式的场合会使用故去、离开等口语化但又不失温情的词汇；在古代，皇帝的死叫作"驾崩"，和尚的死叫作"圆寂"……再比如不同的人使用的词汇也不同，市井小民和知识分子口中的词语体系是不同的，其中最典型的莫过于鲁迅笔下的孔乙己，他反复强调，读书人的偷不能算偷，应该称之为"窃"。对于妻子的称呼也很多，古代的诸侯大多会称呼自己的妻子为"细君"，而寻常百姓会称呼自己的妻子为"小君"。最后一种涉及因交流对象不同所使用的词汇也不同的情况，就是我们平时所说的敬语和谦辞。举例来说，学生一般要称呼老师为"您"；但同学之间就可以相互称"你"，不必使用谦辞和敬语。在古代书写家书的时候常用启禀词，对尊长会使用叩、叩上、叩禀、敬禀等；对平辈会使用上、敬上、谨启、鞠启、顿首、亲笔、手肃等；对晚辈则使用字、示、白、谕、手白、手谕等。

（7）偷换词语。这种情况是指表达者为了掩盖本应使用负面性的词语而使用了语气较为缓和、具有掩饰性和迷惑性的词语，以避免给受众带来过多的不适感进而引发相应的负面效果。比如曾国藩将屡战屡败修改为屡败屡战，这几个字的修改就提升

第三章 法律思维对法律人的要求（1）：论证能力

了曾国藩的个人形象，扭转了颓势。再比如公司裁员通常不会用裁员这一负面词汇，而是使用结构性优化或者毕业这种词汇来美化这一行为，同时对投资者和股东也具有一定的迷惑性，避免他们对公司的经营状况产生负面的观感。美军在发动战争的时候也经常用各种花式表达来掩盖其发动战争的实质，如军事介入，其实就是军事侵略；采取政治行动，其实就是侵略；可见侦查其实是间谍活动；战略村就是集中营；后勤打击就是狂轰滥炸；把对平民的杀戮称为敌人消耗；把伤及无辜说成附带损伤……这些表达无疑都是对原有词汇的改写，意图回避原有词汇负面的感官效果。在论证的时候要注意识别这些词语的真实含义。

语言对于法律思维的影响是巨大的，任何思维的载体都是语言，而语言的最小单位是词语，如果词语使用不准确就会影响法律思维的质量甚至产生误解，使得法律思维不具有准确性、客观性，也就达不到我们所追求的"理性思考"的目的。

（三）论证谬误

常见的论证谬误有很多种，比如理查德·保罗和琳达·埃尔德在《批判性思维工具》一书中提及

40余种论证谬误；格雷戈里·巴沙姆等在《批判性思维》中提及20种论证谬误；尼尔·布朗和斯图尔特·基利在《学会提问》一书中提及13种论证谬误。在本书中，我们仅介绍几种常见的论证谬误，如果对其他的谬误类型感兴趣，可以参考上述书籍。总体而言，论证谬误是指在逻辑上，前提推不出结论，存在明显的逻辑瑕疵进而不能建立一个有效的论证。

（1）人身攻击谬误。这种论证谬误是指不解释原因，不反驳对方的理由，而是直接施加人身攻击或侮辱对方。如"刘某某就是一个莽夫，说话不过脑子""天啊，他这样的一个人，你咋能相信他说的话？"这是一种典型的"对人不对事"的思维表现，说话者没有将精力放在"事"上，而是放在对"人"的攻击上。

（2）滑坡论证谬误。这种论证谬误是指论证人认为如果某件事情发生，那么就会发生一系列不可控的不利事件，而事实上这些事件却不会发生。比如"如果政府着力下调房价，那么实体经济就会受到重创；实体经济受到重创，社会就会动荡；社会动荡，老百姓就不得安生"。很多感性的家长也经常陷于滑坡论证谬误之中。"如果你不好好学习，你就考不上好大学；你考不上好大学，你就找不到好工作；你找不到好工作，你就不能好好生活，然后你就拥有一个失败的人生。"

（3）苛求完美谬误。这种谬误认为，如果某种措施不能彻底解决一个问题，就应该对这种措施持全盘否定的态度。比如，"即使下调房价，还是有很多人买不起房子，所以下调房价的措施根本没必要"或者"你捐助这点钱，对于武汉抗疫都不够塞牙缝的，所以根本没有必要捐"，这是一种典型的非黑即白型思维。

（4）移花接木谬误。这种论证谬误是指偷换概念，利用词语的歧义瞒天过海，进而达到混淆视听的目的。比如，"此轮股市波动符合国际惯例，并非对散户割韭菜"（国际惯例是什么？），或者"本轮油价上调是与国际行情接轨"（国际行情是什么？），又或者"老师惩罚学生是符合教育规律的！"（教育规律是什么？）。

（5）诉诸公众谬误。这种谬误是指表达者认为很多人都在做同一件事情或相信同一个事物，那么这件事情就是对的，这个事物就是正确的。如"调查显示，老师都希望涨工资，所以我们应该给所有的老师都涨工资。""所有股民都认为本轮股市将逆势上扬，所以我们应该买入一些。"

（6）诉诸假权威谬误。该种谬误指的是论证人过分夸大权威人士的全能性，使用A领域的专家来确证B领域的观点。"专家认为，高房价的推手是丈母娘，地产商是无辜的。"（什么领域的专家？有能力对该问题发表评论吗？）"有关人士认为，本轮疫情会对国际格局造成非常大的影响。"（什么人士？如何相关？）"美国教授认为，中国的崛起将会是世界安全的重大威胁。"（什么教授？研究领域是什么？）

（7）诉诸情感谬误。该种谬误是指论证者试图通过有意识地操控听众的情感（代替理性论证）来增加认同感，减少说服难度。比如，有的妈妈经常会声泪俱下地数落自己的孩子："我含辛茹苦地养了你这么多年，你现在大了，翅膀硬了，就不听妈妈的话了……"（这种表达完全属于诉诸情感，没有就事论事讨论问题本身，试图用情感绑架对方）。类似的表达还有"我们这么多年的朋友了，这个忙你一定要帮，不然我下半辈子就完了""你要是敢跟那个女人结婚，以后就别叫我妈""你要是再这么

第三章 法律思维对法律人的要求（1）：论证能力

打游戏，我就跟你分手""你就按我说的去做，我是你妈，妈妈一切都是为了你好"等。这种表达均缺少证明事实的证据，以充满煽动性和蛊惑性的情感为主。

（8）稻草人谬误。这种谬误是指论证人故意曲解对方的观点，制造并批判对方并不支持的观点，企图转移话题、重新树立一个靶子进行批判。比如甲说："我将来不准备要孩子。"乙说："你怎么能这么自私呢，只顾着自己享受。"有时候也发生在我和学生的对话中，我说："你这篇论文的论证还有待加强。"某生说："老师，你怎么这么严格啊，我已经改了三遍了。"或者甲说："我喜爱日本艺术。"乙说："什么？日本在第二次世界大战中侵略过中国，你怎么能喜爱他们的艺术，你这个汉奸卖国贼！"总之，稻草人谬误就是在对话中有意或无意地歪曲理解对方的观点，然后再加以攻击。

（9）虚假的两难困境谬误。这种谬误是指表达者故意制造逻辑上的两难境地，让对方从中作出选择而完全忽视（或者故意忽略）了其实还有更多别的可能。比如，我女儿在她特别小的时候不喜欢洗头，我每次都很有策略地问她："宝贝，你洗头还是洗澡?"这个时候,我女儿就会掉进虚假的两难困境的"圈套"而选择洗头。但是如果我每次都问:"宝贝,你洗不洗头?"她会果断地说:"不!"生活中这种例子特别多,比如"生存还是毁灭,这是一个问题。""到底是孩子重要还是工作重要?""是要工作还是要家庭?"在这些例子中,表达者都人为制造了一个两难的困境,让对方陷入这两种困难的选择之中而忽略了其实还有其他的选择。这是一种论证的谬误,同样也可以被用来故意制造一个论证的陷阱,目的是诱使对方作出不明智的判断和选择。

(10)乱贴标签谬误。这种谬误是指表达者在评论中不作具体分析,只是生搬硬套地加上一些名目。比如通过使用某个词语对某个事物或某个人定性来解释某件事情。如"为什么我和他碰杯,他只喝一点点?肯定是看不起我!这个势利小人!""老师为什么每次都只跟我说两句话,他不喜欢我,他偏心!""她为什么总是一个人,她肯定精神不正常"。

(11)光环效应谬误。该种谬误是指表达者通过使用积极词汇,促使听众将论证与积极情感联系起来,降低心理防御,提高接受结论的概率。表达者并没有提供相应的证据,只是通过语言、修辞等技巧误导受众。很多广告特别愿意采用这种手法，如"电影历时5年制作，导演亲自剪辑两个月，拍摄期间多次劳累过度住院。5月诚意上档，试映期间受到业内人士和电影达人的高度好评"。再如房地产商的广告更加具有迷惑性："以悠然之态，尊享悠然之生活；以华贵之荣，彰显独特之魅力"，"私家水系，苏州园林，欧式庭院，心灵与自然仅有咫尺之遥"。

（12）循环论证谬误。该种谬误是指转换对论点或论题的表述方式，使之作为论证的理由再次登场。比如，"我喜欢《奇葩说》这档节目，因为选手们的辩论和论证都很特别"，或者"这个药能催眠，因为它有催眠作用"。

（13）错误归因谬误。该种谬误是指在两个可能存在关联的事物当中，认为一个事物是造成另一事物的原因，但其实两者未必有直接的因果关系，只是巧合。例如，小红跟小明说："只要天气晴朗，我的考试成绩就会很好。"或者很多人认为："妈妈穿红色旗袍，孩子就会旗开得胜！"

（14）以偏概全谬误。该种谬误是指试图以个人的经历，或者个别的事例代替有力的证据来进行论证的情况。例如，医生说："吸烟有害健康。"小红说："我爷爷抽了一辈子的烟，现在80岁，身体还很好，吸烟对身体没有什么危害。"这里，小红就构成了以偏概全的谬误。

二、微观论证能力

（一）分析论证和评论论证

1. 分析论证和评论论证的定义

分析论证是指将一段文字、对话或观点等拆解，将隐藏在书面或口头表达之下的问题、结论、前提（有时候还包括未表达前提）[1] 呈现出来的过程。用简单的语言来说，分析论证指的是当面对一个观点、立场、行为时，你将其内部蕴含的思维要素准确拆解出来的过程。分析论证非常考验人的逻辑能力，不仅要用到我们在下文即将要学习的基本逻辑技能，如抽象、概括、分析、综合、比较、分类，还要熟悉论证类型、厘清前提和结论之间的关系[2]，最后还要用符合论证要求的语言将其准确

---

[1] 即思维要素，三要素、四要素均可，根据实际情况选择。

[2] 前提和结论的关系通常有：前提是结论的充分条件、必要条件、充分必要条件和既不充分又不必要条件。

第三章 法律思维对法律人的要求（1）：论证能力

描述出来。

评论论证是指在分析论证的基础上审视两方面的内容：①前提是否为真；②前提能否推出结论。但是实践中，我们还要特别留意问题中的"定义"是否成立①，这也是评论论证中需要注意的一个点。本部分着重介绍前提是否为真、前提能否推出结论这两个常规的评论论证的考查点，下一部分我们介绍一下问题（定义）是否成立这个评论论证的考查点。需要注意的是，论证不是单独存在的，它都是结合具体的生活、工作和专业领域的问题进行的，所以在进行评论论证的时候，还需要具有相应领域的知识才能判断定义是否成立、前提是否为真、前提能否推出结论。

2. 分析论证和评论论证的实例

我们用一个生活中的例子来呈现分析论证和评论论证这两个复杂而重要的思维过程。

示例：

一位妈妈跟三岁的宝宝说，如果你再淘气我就

---

① 判断定义是否正确其实就是质疑对方提出的问题是否正确，即对方对问题的定性（确诊）是否正确。

决定不要你了,我到外面再捡一个听话的。这个三岁的宝宝沉思片刻说,你再捡回来的也是不听话的,因为他们也是别的妈妈不要的。

(1) 对妈妈的观点的分析论证和评论论证

首先,我们先对妈妈的话作一个分析论证。分析论证就是识别出妈妈表达中的问题、结论和得出结论的前提。值得注意的是,妈妈在这里只给出了结论,并没有给出前提,但是有未表达的前提(没有被表达出来的前提都是未表达前提)。[①] 妈妈面临的问题是——孩子淘气。妈妈的结论有三个:①不要你了;②到外面再捡回来一个;③捡回来一个听话的。一般情况下,我们识别出这些内容的难度不大,关键是妈妈得出这三个结论的未表达前提对一般读者来讲是比较难识别的。未表达前提必须是能直接推出结论的,那么在这种情况下,针对结论①不要你了,其未表达前提是妈妈认为孩子是可以不要的;针对结论②到外面再捡回来一个,其未表

---

① 这个例子相对特殊,前提就是未表达前提。而在一般的例子中,表达者会表达出来前提,然后我们再分析出未表达前提。在这个例子中,表达者即妈妈没有说出任何前提,所以没有被表达出来的前提就都是未表达前提。

第三章 法律思维对法律人的要求（1）：论证能力

达前提是孩子是从外面捡的，而不是妈妈生的；针对结论③捡回来一个听话的，其未表达前提是外面有听话的孩子。我们用表3-1呈现一下，这样看起来会更加明了。平时作分析论证的时候，读者们也可以尝试用表格的方式将其呈现出来。

表3-1 对妈妈观点的分析论证

问题	结论	未表达前提
孩子淘气	①不要你了	孩子可以不要
	②到外面再捡回来一个	孩子是从外面捡的,不是生的
	③捡回来一个听话的孩子	还能捡到个听话的孩子

其次，我们再对妈妈的观点进行评论论证，注意，在这个例子中，评论论证的过程是宝宝完成的。针对妈妈的观点，宝宝给出了一个反馈（俗称回怼），如表3-2所示，这就是我们今天要介绍给大家的评论论证。我们在上文提及，评论论证主要是从两方面进行的：①前提是否为真；②前提能否推出结论。我们看一下这个三岁的宝宝是从哪个方面以及怎样进行评论的。

表 3-2　对妈妈观点的评论论证

分析论证			评论论证
问题	结论	未表达前提	①前提是否为真；② 前提能否推出结论
孩子淘气	①不要你了	孩子可以不要	
	②到外面再捡回来一个	孩子是从外面捡的,不是生的	
	③捡回来一个听话的	还能捡到个听话的孩子	三岁宝宝:你再捡回来的也是不听话的孩子,因为他们也是别的妈妈不要的

从三岁宝宝的反馈来看,三岁宝宝针对的是妈妈的第三个未表达前提,采取的方式是——评论该前提是否为真。我使用这个例子进行课堂授课时,很多同学认为这位三岁的宝宝采取的方式是前提推不出结论,我们需要将两者区分一下。在前提不为真的情况下,前提是一定推不出结论的。所以,当前提不为真时就不用考虑前提能否推出结论这个评论论证的方式了;而前提推不出结论是指在前提为真的情况下,前提与结论没有关联性,推不出结论。所以,请读者们仔细识别这两种不同的评

论论证的切入点的区别。回到这个例子中,三岁宝宝使用的评论论证的方式是——评论妈妈的前提是否为真。三岁宝宝针对的是妈妈的第三个前提(未表达前提),三岁宝宝认为妈妈的第三个未表达前提是不为真的,理由是街上没有听话的孩子,因为他们也是其他妈妈不要的,既然都是妈妈不要的,就都是不听话的孩子。至此,我们已经用分析论证把妈妈的思考过程呈现出来了,也用评论论证把宝宝对妈妈的"回怼"呈现出来了,你是不是觉得这个宝宝很聪明呢?如果是这样,你就要牢牢记住这是因为分析论证和评论论证的论证技能帮助我们揭秘了他们思维的全过程。

最后,我们在这部分必须指出,不同人的评论论证可能是不同的,因为他们的知识、阅历是不一样的。我们再把上文的例子修改一下,看看会在评论论证上发生什么变化。上文的对话发生在妈妈和三岁宝宝之间,如果这个对话发生在妈妈和十岁宝宝、青春期宝宝之间,可能就又有所不同。比如,我跟我的十岁的二宝说:"你要是再淘气,我就不要你了,我到外面再捡一个听话的回来。"这时候,十岁的二宝会说:"妈妈你骗人,宝宝根本不是捡的,是妈妈生的。"如果我跟我的十四岁的大宝说:"你要是再淘气,我就不要你了,我到外面再捡一个听话的回来。"这时候,十四岁正值青春期的大宝会面露鄙夷之色且不屑一顾地说:"田女士,抛弃是罪。"结合表3-3,我们再分析一下十岁的宝宝和十四岁的宝宝是怎样进行评论论证的。

表3-3 不同人的评论论证存在不同

问题	分析论证		评论论证
	结论	未表达前提	①前提是否为真; ②前提能否推出结论
孩子淘气	①不要你了	孩子可以不要	十四岁大宝:抛弃是罪
	②到外面再捡回来一个	孩子是从外面捡的,不是生的	十岁二宝:宝宝是妈妈生的,不是从大街上捡的
	③捡回来一个听话的	还能捡到个听话的孩子	三岁宝宝:你再捡回来的也是不听话的,因为他们也是别的妈妈不要的

我们通过这张表格能够发现,十岁的二宝、十四岁的大宝和三岁的宝宝一样,都选择了同一个评论论证的切入点——前提是否为真。只不过十岁二宝攻击的是妈妈的第二个前提;十四岁的大宝攻击的是

第三章 法律思维对法律人的要求（1）：论证能力

妈妈的第一个前提。那么接下来，请同学们思考一下，是什么造成了这三个不同年龄段的孩子攻击的前提不一样呢？有的同学回答是年龄，但这不是根本原因，真正的答案是随着年龄的增长，孩子们接触到的知识（也就是得出结论的依据——客观真实）丰富了，所以十四岁的孩子能够对第一个前提的真假作出判断；十岁的孩子能够对第二个前提的真假作出判断；而三岁的孩子只能对第三个前提的真假作出判断。从这个意义上来看，你是不是觉得知识越丰富，就越具有较强的判断能力呢？十岁二宝不屑于对第三个前提进行攻击，觉得幼稚；十四岁大宝也不屑于攻击第二个前提，也觉得幼稚。他们都选择了接近他们认知水平的前提进行攻击（评论）。换个角度看问题，如果一个青春期的孩子攻击的是第三个前提①，那你会觉得这个孩子的认知（知识，作出判断的依据）是有问题的，与他所处的年龄段应当达到的认知水平是不相符的。

至此，我们已经将妈妈的思维过程呈现出来了——我们用分析论证将妈妈思考过程中的问题、

---

① 是指只能看出这个前提有问题。

结论、前提（未表达前提）呈现出来，再用评论论证逐一对妈妈的前提、结论进行审视，然后发现了妈妈思维过程中的漏洞——前提不为真。前提不为真就是说明妈妈不是依据客观真实作出的判断，妈妈不是理性思维者，是在吓唬小孩，她的思维漏洞被三岁的宝宝敏锐地发现了。可以说在这个过程中，三岁宝宝是很具有理性思维（或批判性思维）的，他敏感地发现了妈妈思维中的前提不为真。如果这段对话不是发生在妈妈和三岁宝宝之间，而是发生在妈妈和十岁二宝或者十四岁大宝之间，我们会发现评论论证中被攻击的前提又变化了（如表3-3），这是因为三岁宝宝、十岁二宝、十四岁大宝的认知（对客观真实的认识，也即掌握的知识）不一样，掌握的知识越丰富就越能判断出前提的真假。所以哈佛大学校长吉尔平指出："上大学是为了能够判断出有些人在胡说八道。"怎么判断出有人在胡说八道呢？这就要运用知识和本部分介绍的分析论证和评论论证了。

（2）对宝宝观点的分析论证和评论论证

上文是我们对妈妈的观点进行的分析论证和评论论证，是站在宝宝的角度观察妈妈。这次，我们

第三章 法律思维对法律人的要求（1）：论证能力

来看看宝宝的思维过程是怎样的，即我们抽离出来，站在我们自己的角度来看看宝宝的思维过程是怎样的，他的思维过程有没有局限性？

首先，我们还是对宝宝的观点进行分析论证，分析论证就是要拆解宝宝面临的问题、宝宝对问题的结论以及对结论提供的前提。那么，宝宝面临的问题是什么？在我的日常教学中，每当我提出这个问题，即我们要对宝宝的观点进行分析论证的时候，宝宝要解决的问题是什么？学生们的回答是五花八门的，有淘气、有不能扔、有捡不到……在这里，我们停顿几分钟，请读者们也思考一下宝宝要解决的问题到底是什么？然后我们在下文揭晓答案，也请读者比照这个提取"问题"的过程，感受一下要想准确地进行分析论证和评论论证其实并不容易，因为我们要把思维要素中的问题、结论、前提用语言精准地表述出来，而这正是我们在日常生活中缺少训练、经常出错的地方。此处也请回顾一下上文论证对语言的要求那部分内容，你就能感受到我们对于语言的驾驭能力将直接影响我们分析论证和评论论证的准确性。

宝宝面临的问题是由于他的"淘气"，他妈妈决定不要他,并且要在大街上再捡回来一个听话的宝宝的结果。注意,此处具体的问题是妈妈能在外面捡一个听话的宝宝回来吗?或者外面有听话的宝宝吗?而引发"捡"听话宝宝的原因——"淘气"——其实在这里是一个背景,你也可以将这个问题理解成多层次问题,分别是"淘气"—"捡"—"听话的宝宝",宝宝回应的是第三层次的问题,如表 3-4 所示。

表 3-4 对宝宝观点的分析论证

问题	结论	前提
外面有听话的宝宝吗?	没有	外面的宝宝都是妈妈不要的
		妈妈不要的是不听话的

以上就是对宝宝观点的分析论证,在这里可以看出,宝宝的论证是很完整的,有问题、有结论,还有明确的前提。与妈妈的论证不同,妈妈只给出了结论,没有给出前提,前提是我们作分析论证的时候补充上去的,所以是未表达前提。那么宝宝这里会不会有未表达前提呢?——有的,如表 3-5 所示,将未表达前提呈现出来也是分析论证的一个部分,所以上述表格还不完整,我们还需要进行补全。

表 3-5　对宝宝观点的分析论证中的未表达前提

问题	结论	前提	未表达前提（结合语境）
外面有听话的宝宝吗？	没有	外面的宝宝都是妈妈不要的	1. 外面是有宝宝的（即妈妈是可以扔孩子的）
2. 外面的宝宝是可以被捡回来的（即孩子是捡的不是生的）
		妈妈不要的是不听话的	

这样，我们就把对宝宝观点的分析论证做得比较充分和完整了。值得一提的是，未表达前提的挖掘要根据语境，结合宝宝和妈妈的对话，我们可以发现，宝宝没有攻击妈妈的第一、第二个未表达前提，那就说明宝宝认为妈妈的第一、第二个未表达前提是真的（成立的）。而且，也只有在承认第一、第二个未表达前提为真的情况下才能认为外面有宝宝，只不过捡不回来一个"听话"的宝宝而已。

其次，我们要对宝宝的观点进行评论论证。在我们将这张完整的分析论证的表格呈现出来之后，我们就能发现这个三岁宝宝的认知短板了，因为宝宝在这个对话语境下的两个未表达前提不为真，而这个时候，我们再对宝宝的分析论证做评论论证（如表 3-6 所示）。

表 3-6 对宝宝观点的评论论证

分析论证				评论论证
问题	结论	前提	未表达前提（结合语境）	①前提是否为真；②前提能否推出结论
外面有听话的宝宝吗？	没有	外面的宝宝都是妈妈不要的	①外面是有宝宝的（即妈妈是可以扔孩子的）②外面的宝宝可以被捡回来的（即孩子是捡的，不是生的）	①未表达前提不为真，外面没有宝宝，妈妈也不可以扔孩子 ②未表达前提不为真，外面没有宝宝可以捡，宝宝是妈妈生的
		妈妈不要的是不听话的宝宝		

这样，我们通过分析论证和评论论证就把宝宝思维的小秘密全部呈现出来了。宝宝很冷静，是一个理性思维者，面对妈妈的威胁和恐吓，他很敏锐地抓住了妈妈思维的漏洞进行攻击，只是宝宝的认知有限，只能针对妈妈的第三个未表达前提进行真伪判断。也就是说，当我们深入分析和评价宝宝的思维过程时，会发现宝宝其实默认妈妈是可以扔孩子的、宝宝也是可以被捡回来的这两个错误的前提是正确的，这就是宝宝的认知短板。如果我们不

第三章　法律思维对法律人的要求（1）：论证能力

借助分析论证和评论论证，就不会对妈妈和宝宝的思维过程拆解得这么透彻。实践中，这个过程不会像我们此时在书中呈现得这么直白、清楚，它是在大脑中一瞬而过的。由于人的思考过程都很隐蔽，是发生在大脑内部的，没办法太显性化表达。所以，在日常生活中我们经常会有一种无力感——我们总感觉这个人说的话有问题，但是又不知道问题在哪里，这种感觉经常让人很憋屈。现在好了，有了分析论证和评论论证这两个工具，我们至少知道有方法将一个人的思维过程和思维要素——问题、结论和前提都拆开来看看，这样很容易就能发现他的思维是不是有问题。但是，我们必须认识到分析论证和评论论证这个工具不仅需要依靠强大的逻辑能力，还需要借助知识这一客观真实。如果我们没有知识就不能判断前提是否为真，如果我们没有逻辑就没办法判断前提能否推出结论。就像上文的三岁宝宝、十岁二宝和十四岁大宝给我们呈现的不同的评论论证一样，掌握的知识不同，能够评价的事物就不同。此处还有一点需要提示，分析论证和评论论证都需要语言作为载体，词语的准确性也会影响分析和评论的效果，这部分请结合上文介绍的论证对语言的要求部分细细体会。但同时,语言表达部分的内容在下文的前提线索中也会被更为细致地阐述,也请读者届时留意并且结合起来理解。

3. 分析论证和评论论证的实例(案件)

我们再来看一个在全国引发了巨大争议的案件——许霆案,该案涉及的法律思维,该案引发关注的人群、覆盖的领域非常广泛,学者在针对此案发表观点时使用的就是我们上文所提及的分析论证和评论论证。

2006年4月21日晚10时,许霆来到广州市天河区黄埔大道某银行的ATM取款机处取款。结果取出1000元后,他惊讶地发现银行卡账户里只被扣了1元,许霆又连续取款5.4万元。当晚,许霆回到住处,将此事告诉了同伴郭安山。两人随即再次前往提款,许霆先后取款171笔,合计17.5万元;郭安山则取款1.8万元。事后,二人各自携赃款潜逃。同年11月7日,郭安山向公安机关投案自首,并全额退还赃款1.8万元。经法院审理,法院认定其构成盗窃罪,但考虑到其自首并主动退赃,故对其判处有期徒刑1年,并处罚金1000元。而潜逃1年的

第三章 法律思维对法律人的要求（1）：论证能力

许霆，17.5万元赃款因投资失败而被挥霍一空，2007年5月在陕西宝鸡火车站被警方抓获。

广州市中级人民法院审理后认为，许霆以非法侵占为目的，伙同同案人采用秘密手段，盗窃金融机构，数额特别巨大，行为已构成盗窃罪，遂判处无期徒刑，并处剥夺政治权利终身，没收个人全部财产。但该案的一审判决引发了特别大的讨论，许霆随后提出上诉。2008年3月，案件被发回一审法院重审，广州市中级人民法院审理后认定许霆构成盗窃罪，对其判处有期徒刑5年。许霆再度上诉，2008年5月，广东省高级人民法院二审驳回上诉，维持原判。

尽管法院已经对许霆案作出了明确的判决，但是围绕案件背后理论的探讨一直没有停止过。本书接下来会向读者介绍一下这些法学争论，我们会发现在这个过程中仍然是批判性思维在法律领域的运用。

许霆案在媒体报道之后迅速引起了社会的激烈讨论。新浪网的民意调查显示，绝大多数人认为许霆无罪，这反映出公众的情绪。各法学院校、法学专家围绕许霆案举办了许多研讨会并进行了热烈的讨论。这起案件虽然被定性为刑事案件①，但是因为影响巨大，民法学界也加入了讨论。有不少民法学界的法学专家认为：许霆的行为构成民事上的不当得利。所谓的不当得利，是指没有合法根据或者事后丧失合法根据，引致他人遭受损失而获得的利益。不当得利的取得不是由于受益人针对受害人实施的违法行为，而是由于受害人或者第三人的疏忽、误解或者过错。所谓没有合法根据，是指既没有法律上的根据，也没有合同上的根据；或者曾有合法根据，但后来丧失了这一合法根据。据此，很多民法学者认为许霆的行为符合不当得利的构成要件。同时考虑到刑法的谦抑性原则②，许霆的行为应当尽量适用民法进行调整，不要动用刑法去解决。

我们先在此处停一下，用表 3-7 来呈现一下民

---

① 刑法和民法是法律的不同分支，违反刑法的行为是犯罪，后果严重；违反民法的行为为一般违法行为，其主要后果为补偿性的赔偿，相对刑法而言没有那么严重。许霆案引发了刑法和民法两个领域的法学专家的讨论，主流观点和法院的观点都认为是刑事案件，属于犯罪行为。但有民法学家认为这不属于犯罪行为，而且在刑法学界内部也存在分歧，我们在正文中也会一一介绍。

② 刑法谦抑性原则又称必要性原则，是指立法机关只有在该规范确属必不可少、没有可以代替刑罚的其他适当方法的条件下，才能将某种违反法秩序的行为设定成犯罪行为。

法学界对许霆案的看法。

表3-7 民法学界对许霆案的分析论证

问题	结论	小前提	大前提
①许霆的行为是什么性质？	属于民事行为	应当由民法调整，刑法不应当过多介入	刑法应保持谦抑性
②许霆的行为属于民事行为中的什么行为？	民事行为中的不当得利	许霆获益是提款机的故障导致的，不是许霆自己的非法行为造成的，即银行的损失是其ATM机故障导致的	损失是受害人或者第三人的疏忽、误解或者过错造成的，而不是受益人的违法行为造成的

这就是民法学界对许霆案的观点，通过分析论证，我们很容易看出这里面的思维要素以及得出结论的前提。我们再来看看刑法学界的讨论，尽管法院已经作出判决，但刑法学家们依旧未能达成一致意见。就定罪而言，有学者认为许霆的行为构成侵占罪，有的认为构成信用卡诈骗罪，有的认为构成盗窃罪，还有人认为在某种情况下很多人都会经不住诱惑而去做同样的事，就不应该将其认定为刑事犯罪行为，支持许霆无罪。接下来我们分别看一下这四种不同的刑法观点就会发现，这个过程就是我

们上文所提及的分析论证和评论论证。

认为许霆的行为构成侵占罪的理由是：侵占罪本质上是将自己合法持有的他人财物非法占为己有。许霆具有合法的取款人身份，他的每一次取款都是正常操作，与一般储户的取款行为并无两样，其行为本身并不违反法律规定。至于出现不当得利的结果，主要原因是 ATM 机出现故障，但该故障并非许霆的行为造成的。许霆只是在主观方面存在过错。如果就此认定许霆的取款行为是违法行为，显然是主观归罪。从整个案情来看，许霆先后存在两个行为：先是通过合法的取款行为不当得利，后是非法将其占有，因此其行为构成侵占罪。

但是反对观点认为，根据《中华人民共和国刑法》（以下简称《刑法》）第270条的规定，侵占行为的对象仅限于代为保管的他人财物、他人遗忘物或者埋藏物。在许霆案中，在 ATM 机出现故障的情况下，ATM 机内的现金并非由许霆代为保管，而是仍然由银行事实上占有和支配。同时在 ATM 机出现故障的情况下，ATM 机内的现金也并非遗忘物和埋藏物，许霆的行为并非将自己合法占有的他人财物转变为自己或者第三人不法所有，而是将他人占有的财物非法据为己有，自然不属于侵占罪。我们用表3-8来呈现一下关于侵占罪的讨论。

表3-8 对许霆是否构成侵占罪的争论

许霆构成侵占罪吗?				
赞成观点				反对观点
分析论证				评论论证
问题	结论	小前提	大前提	①前提是否为真 ②前提能否推出结论
许霆构成侵占罪吗？	构成	①许霆是合法的取款人 ②许霆通过合法的手段占有了银行的钱	合法持有他人财物	大前提不为真，前提推不出结论因为： ①《刑法》第270条规定：侵占行为的对象仅限于代为保管的他人财物、他人遗忘物或者埋藏物 ②ATM机出现故障≠财物交由许霆保管≠许霆合法持有他人的财物

以上是关于侵占罪的分析，赞成的观点认为，许霆属于合法持有银行的财物，因此构成了侵占罪；但是否定的观点认为，许霆没有合法持

有银行的财物，原因主要有两个：其一是《刑法》第270条规定：侵占行为的对象仅限于代为保管的他人财物、他人遗忘物或者埋藏物；其二是ATM机出现故障不等于银行将钱交给许霆代为保管，也不等于许霆合法持有他人的财物。通过表3-8就能很清晰地呈现出双方在争论过程中的法律思维是什么。

我们再来看第二种不同观点，有学者认为许霆的行为构成信用卡诈骗罪。根据《刑法》第196条的规定，信用卡诈骗罪是以非法占有为目的，使用信用卡进行诈骗活动，骗取数额较大财物的行为。但是反对观点认为，利用信用卡诈骗包括：使用伪造的信用卡、使用作废的信用卡、冒用他人的信用卡以及恶意透支四种情形。许霆使用自己合法、真实、有效的银行卡，并非使用伪造的信用卡、作废的信用卡或冒用他人的信用卡。与此同时，许霆所使用的工具是借记卡，而借记卡又不具备透支的功能，所以许霆的行为不属于恶意透支。而且构成信用卡诈骗罪，还要求对方即受骗者产生错误认识，并基于认识错误处分财产，而机器是不能被骗的，所以不构成信用卡诈骗罪。同样，我们用表

3-9来呈现一下关于许霆是否构成信用卡诈骗罪的争论。

表3-9 对许霆是否构成信用卡诈骗罪的争论

许霆构成信用卡诈骗罪吗？					
赞成观点				反对观点	
分析论证				评论论证	
问题	结论	小前提	大前提	①前提是否为真 ②前提能否推出结论	
许霆构成信用卡诈骗罪吗？	构成	①许霆取款（除了第一次取款）均有非法占有的目的 ②许霆使用了银行发放的银行卡 ③数额较大	①以非法占有为目的 ②使用信用卡进行诈骗活动 ③骗取数额较大财物的行为	大前提不为真，前提推不出结论因为： ①许霆持有的是合法、真实、有效的借记卡，并非伪造的、作废的信用卡，其行为也不是冒用他人的信用卡，而且借记卡不存在恶意透支情形 ②ATM机不可能被骗	

最后，我们再来看一下刑法学界的主流观点，这个观点与法院的判决书中所认定的犯罪事实

一致，即许霆的行为构成盗窃罪。盗窃罪是指以非法占有为目的，使用平和的方法，违反财物占有人的意志，将他人占有的财物转移为自己占有的行为，盗窃罪被视为取得型财产犯罪的兜底罪。构成盗窃罪的关键并不在于行为人是公开窃取还是秘密窃取，而在于行为人是否使用平和方法，即非暴力、非胁迫，侵犯他人对数额较大财物的占有，并建立新的占有关系。许霆在意识到银行ATM机出现异常，能够超出账面余额取款，并且不会如实扣账的情况下，从ATM机处取款171次，共计取款17.5万元。该行为从客观上讲符合盗窃罪的客观要件。首先，许霆采用的是平和方法，即以非暴力、非胁迫的方式取得了财物。其次，许霆违反了财物占有人的意志。按照常识，持借记卡最多只能取出卡内存储的等额现金，银行不可能同意许霆取出超出存款额的现金。所以许霆利用ATM机故障，超出存款额取出大额现金的行为，必然违反了财物占有人银行的意志。最后，许霆实施了将他人占有的财物转移为自己占有的行为。盗窃罪的对象仅限他人事实上占有的财物，ATM机内的现金事实上由银行占有，并不因为ATM机出现故障，就改由他人占有。所以，许霆盗窃的对象是他人占有的财物。与此同时，许霆利用自己的借记卡和ATM机故障取出17.5万元，属于将银行占有的现金转移给了自己占有。从主观方面来看，许霆除了第一次在ATM机处无意中取出1000元外，其余170次都是在明知机器有故障、明知自己的借记卡只有170余元的情况下不断重复取钱操作，从ATM机中一共取出了17.4万元人民币。而且之后又携款潜逃，直到一年后被抓获归案。这说明许霆在主观上具有非法占有的目的。但是，反对观点就如上文所提及的民法学界的观点，这个案件就不应该属于刑法调整的范畴。我们依旧用表3-10呈现一下这个观点中的法律思维的运用情况。

表 3-10　对许霆是否构成盗窃罪的争论

许霆构成盗窃罪吗？				
赞成观点				反对观点
分析论证				评论论证
问题	结论	小前提	大前提	①前提是否为真 ②前提能否推出结论
许霆构成盗窃罪？	构成	①许霆采用的是平和方法，即以非暴力、非胁迫的方式取得了财物 ②许霆违反了财物占有人的意志。持借记卡最多只能取出卡内存储的等额现金，银行不可能同意许霆取出超出存款额的现金 ③许霆实施了将他人占有的财物转移为自己占有的行为 ④许霆有逃逸行为，一年后被抓捕归案，这说明他有非法占有的目的	①以非法占有为目的 ②使用平和的方法 ③违反财物占有人的意志 ④将他人占有的财物转移为自己占有的行为	大前提不为真，前提推不出结论因为： ①刑法应当保持谦抑性 ②可以由民法的不当得利调整

以上就是许霆案以及背后的法学理论争论。其实直到今天，围绕这起案件的法学研究者仍然各抒己见，意见不一。无论争论结果如何，请读者们结合我们制作的表格细细体会在各种争论、观点之下

的思维过程和规律。

(二) 解构论证和建构论证

从严格意义上讲,解构论证和建构论证本质上也是分析论证和评论论证,只不过区分它们的标准不是过程而是用途。解构论证是指将分析论证和评论论证的技能运用在一个"既有"观点上,也即,将一个既有观点的内部构成按照问题、结论、前提的分类进行拆解(分析论证),同时观察其前提是否为真以及前提能否推出结论(评论论证)。这个既有观点既可以是别人的也可以是自己的,这个过程也经常被描述为"批判"①,如果既有观点是别人的就是对别人的"批判",如果既有观点是自己的就是自我批判②。建构论证是指将分析论证和评论论证的技能运用于建立一个"新"观

---

① 这里的批判与批判性思维中的批判是一个意思,是审视的意思。由于批判性思维的英文为critical thinking,很多人就将这里的批判视作批评、挑毛病,其实critical是审视、判断(judge)的意思,跟批评挑刺和挑毛病没有关系。

② 我更愿意将批判称为审视,批判这个词由于历史的原因对中国人来讲有点沉重。批判性思维也因为包含"批判"两个字被很多人误解,其实批判性思维中的批判是"审慎地判断"的意思,critical对应的英文词源是judge,只不过在最开始引入中国的时候,人们对它有所误读。

点上，即当我们发表对一个事物的看法的时候，我们要用分析论证的方式有理有据地呈现出我们的观点的内部支撑，同时使用评论论证来保证我们的观点是成立的。我们还用例子来进行说明，先看一个生活中的例子。

【实例】

> 王振华一案曾经在网络上炒得沸沸扬扬，一名记者采访王振华的代理律师陈律师时问道："王振华人品那么差，你为什么还替他辩护？"陈律师回答道："王振华当然有错，他嫖娼的'主观故意性'是有的，但他16周岁以下的少女绝对不碰，这是他的底线。"陈律师的言论引发了非常大的争议，请你谈谈为什么陈律师的言论引发了这么大的争议吗？

我们先看一下这个案例要我们做什么——让我们谈谈为什么陈律师的言论引发了这么大的争议。这是一个需要我们建构自己观点的过程，因此涉及建构论证。但是，为了能够建构我们自己的观点，我们必须对陈律师在接受记者采访时表达的观点进行解构。解构陈律师的观点涉及分析论证和评论论证，建构自己的观点也需要分析论证和评论论证。请读者结合图3-2细细品味这个案例以及解构论证和建构论证发生的场景以及它们又是怎样与分析论证和评论论证嵌套在一起的。

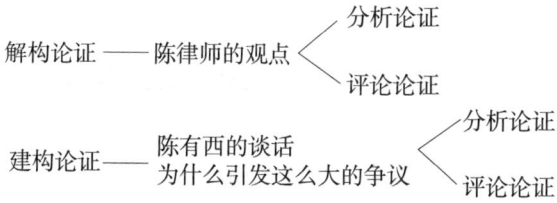

图3-2 解构论证和建构论证以及与分析论证和评论论证的嵌套

1. 解构论证

如表3-11所示，在解构陈律师的观点的过程中会涉及分析论证和评论论证，我们先看分析论证。从对话中我们能发现，记者和陈律师之间围绕的问题涉及王振华的底线有无。陈律师的结论是——王振华是有底线的；陈律师的前提是——他是嫖娼了，但是16周岁以下的少女他是绝对不碰的；未表达前提是——陈律师认为16周岁就是嫖娼的底线。我们仍然用表 3-11 来呈现一下：

表 3-11 对陈律师的观点的分析论证

问题	结论	前提（小前提）	未表达前提（大前提）
王振华有无底线？	王振华是有底线的	16 周岁以下的少女他是不碰的	16 周岁就是嫖娼的底线

这样，我们就把解构论证中的分析论证做完了，这也是笔者在课堂上经常用到的一个案例，虽然笔者在做分析论证的时候快速锁定了陈律师的问题——王振华有无底线？但是在实际的课堂上，如果让学生自己确定陈律师想解决的问题是什么，同学们给出的答案五花八门，具体包括：王振华是否嫖娼、王振华人品差不差、要不要为王振华辩护、王振华是否有主观故意性……就是不往是否有"底线"上靠。事实上，我们通过陈律师的结论就能看出，陈律师要解决的问题是王振华有无底线，其他的嫖娼、人品、辩护、故意等词汇都是干扰项。这又回到了上文一个老生常谈的问题，法律思维要求准确地抓取关键信息，而关键信息的载体是文字。我们的法学生不但在呈现分析论证的表格时存在困

第三章 法律思维对法律人的要求（1）：论证能力

难，而且在抓取具体相关的信息，比如回答的问题是什么、前提是什么的时候也存在困难，这一点仅在此作出提示，它涉及抽象、概括等信息提炼的技能，在下文中会详细展开。在此处，我们还是回到解构论证和分析论证的思路上来。

做完分析论证之后，我们就要开始进行评论论证了。评论论证要从问题是否成立、前提是否为真以及前提能否推出结论三个层面来看。本案中，涉及两层前提——前提和未表达前提；因为本案涉及的是一个演绎论证，我们还可以把这两层前提表述成——小前提和大前提。我们接下来要做的是判断前提是否为真以及前提能否推出结论。本案中假设王振华没有碰16周岁以下的少女，即（小）前提为真①，（小）前提能否推出结论呢？这时候就要看大前提也就是未表达前提是否正确，前文讲过，未表达前提（也被称为大前提）是（小）前提能推出结论的保障。

---

① 我们不去探讨具体案件中证据的真伪，这个案件的具体内容不是我们探讨的重点，只是当作一个分析论证和评论论证的例子来进行自我训练，请读者们理解这里的逻辑过程即可，不用过多纠结案件的实际情况。

判断未表达前提（大前提）是否成立需要依据客观真实，而不是陈律师的观点。这是一起法律案件，我们要看法律对于嫖娼以及嫖娼的底线是怎样规定的。通过查询相关法律，我们能够得到如下信息：嫖娼是指一种非法的性交易，指两人及两人以上以金钱财物为媒介发生不正当性关系的行为。嫖娼并不是刑事犯罪，但在我国为法律所禁止，属于一种行政违法行为，会受到行政拘留或罚款等处罚，但不会受到刑事处罚。根据《中华人民共和国治安管理处罚法》（以下简称《治安管理处罚法》）第66条的规定：卖淫、嫖娼的，处10日以上15日以下拘留，可以并处5000元以下罚款；情节较轻的，处5日以下拘留或者500元以下罚款。在公共场所拉客招嫖的，处5日以下拘留或者500元以下罚款。

以上是现行法律中关于嫖娼的规定，我们需要从法律规定中提炼出适合本案陈律师的、正确的未表达前提。也就是说，我们需要从上述众多的信息中整理出一条适合充当本次分析论证和评论论证未表达前提的表述。实际教学中，学生在提炼这个未表达前提的时候非常困难，他们明白意思但总是不能用语言将这条"未表达前提"准确地呈现出来。有的同学总结出来的是——嫖娼要处以10日以上15日以下拘留;有的同学总结出来的是——嫖娼要处5000元以下的罚款;还有的同学总结出来的是——嫖娼不是犯罪,是普通违法行为;还有的同学总结出来的是——嫖娼是违反底线的行为。那么究竟什么才是本案评论论证的未表达前提呢?不要忘了,陈律师的整个观点都围绕"底线"展开,而"底线"的关键是16周岁。所以,未表达前提的总结和提炼需要围绕"底线"和"16周岁"展开,经过谨慎的总结和提炼,同学们终于意识到"正确的未表达前提"是——嫖娼没有年龄限制,嫖了即触碰底线。

通过对法律条文的抽象概括,我们就能发现,陈律师对于嫖娼底线的理解是错误的,不符合现行法律(也即客观真实)的规定,如表3-12所示,这也是陈律师的观点一出舆论哗然的原因。大多数人也能感觉到陈律师观点的不妥当,甚至会觉得这人的想法很"恶心"。但是不具备法律思维能力的人无法运用分析论证对陈律师的观点进行拆解,更无法对法律规定进行抽象概括进而提炼出未表达前提——客观真实,然后再在客观真实的基础上评价陈律师的观点的正误。很多时候,我们手里虽然有很多"客观真实"或者"知识",但是我们还需要对这些客观真实和知识进行裁剪(或者加工),使之成为分析论证和评论论证的适合前提,这是我们在下文要展开的内容。

表 3-12 对陈律师的观点的评论论证

分析论证				评论论证
问题	结论	前提	未表达前提	①前提是否为真;②前提能否推出结论
王振华有无底线?	王振华是有底线的	16周岁以下的少女他是不碰的	16周岁就是嫖娼的底线	嫖娼不区分年龄,嫖了即违法,即触碰底线

虽然此处是为了介绍解构论证,以及解构论证其实也是分析论证和评论论证,但笔者还是想将读者的一部分注意力拉到评论论证的未表达前提(客观真实)的梳理过程上,这个梳理过程离不开我们下文要讲的抽象、概括、分析、综合、比较、分类等思维方法,进而使读者明白,分析论证和评论论证不是独立存在的,它们是建构在我们上文提及的论证、下文

提及的逻辑方法等基本知识和基本技能基础上的。此外，读者朋友们也不要忘记了，法律思维要求我们除了拥有逻辑能力外还要具备专业知识。在上文陈律师的例子中，法律条文就是法律专业知识，这是个简单的案件，专业知识不是很难，甚至是常识。但是，在复杂问题的处理中，我们需要的专业知识的范围更深、更广泛。总之，分析论证和评论论证是非常强大而有力的思维能力，但是需要依托基础的逻辑知识和逻辑技能，还需要依靠专业知识进行判断，否则我们没有办法分析，也没有办法评论。

2. 建构论证

这样，我们就将解构论证部分整理完毕了，可以看出，解构论证的整个过程非常克制，就是围绕陈律师的既有观点展开的，对他的观点进行了分析论证和评论论证。但是，我们回到这个实例的最终要求上——请你谈谈为什么陈律师的观点引发了这么大的争议。我们需要表达自己对于陈律师的观点引发争议的看法，这个过程中我们必须建构自己的观点，因此涉及建构论证。同时这个过程也离不开上文解构论证的内容，解构论证和建构论证的内容是勾连在一起的，至于是怎么勾连和嵌套的，还需要读者自己多加练习并细细体会。我们还是先看建构论证中的分析论证部分,即我们需要先呈现出我们的论证框架——问题、结论、前提,如表3-13所示。

表3-13　建构论证中的分析论证框架图

问题	结论	前提
?	?	?

此时,我们还涉及对问题的梳理和提炼,我们要回答的是"这是个什么问题",也就是建构论证中分析论证的问题是什么。当我在实际课堂上开展这项训练的时候,同学们在总结表3-13中"问题"的环节又展开了激烈的讨论,形成了不同的答案。有的同学说我们要回答的是——王振华是否有底线的问题;有的同学说我们要回答的是——王振华人品是否端正的问题;有的同学说我们要回答的是——陈律师是一个法盲,作为律师不懂法律的问题。这些回答都是错误的,我们还是需要看这道题本身要求我们回答什么,而不是受案件其他因素的影响使我们的思路跑偏。这个实例中明确要求我们回答陈律师的言论为什么引发了这么大的争议,所以我们要回答的问题是——陈律师的观点为什么引

发了这么大的争议。所以,我们先把问题填写到表3-13的问题一栏中形成了表3-14。

表3-14 建构论证中的分析论证的问题确定

问题	结论	前提
陈律师的言论为什么引发了这么大的争议?	?	?

接下来我们要看一下结论部分怎么确定,经过上文的解构论证我们发现,陈律师的言论之所以引发这么大的争议是因为陈律师对嫖娼底线的理解是有问题的。所以我们把这个结论填写到表3-14中形成了表3-15。

表3-15 建构论证中的分析论证的结论确定

问题	结论	前提
陈律师的言论为什么引发了这么大的争议?	陈律师对嫖娼底线的理解是有问题的	?

还是要提及一些老生常谈的问题,在我的课堂上,学生对结论的总结和概括也不是一帆风顺的,即便他们已经在我的指引下深度参与了上文的解构论证、分析论证和评论论证,也知道这个案件

考查的是底线，而且是嫖娼的底线。但是到建构论证这个环节，学生又忘记了核心关键字——底线，思路又开始偏移。于是同学们的答案又千奇百怪地呈现了出来，如王振华是有底线的、陈律师不是一个合格的律师以及陈律师法律知识不完备等。每到这个时候，我就需要再把学生的视线拉到底线这个核心词汇上，并且帮助学生梳理出一条关于这个例子的关键词的线索，底线（16周岁）——嫖娼——人品——辩护——王振华和陈律师……让学生明白，这个例子有很多关键词，但是最为核心的就是底线。最后，我还会告诉学生什么是"不忘初心，方得始终"。很多时候学生走着走着就忘记了这场讨论的"初心"——底线，于是在建构论证的时候就不能够一以贯之、由始至终。所以，法律思维以及它最为核心的技术模块——分析论证和评论论证理解起来不困难，但是操作起来并不容易，因为它不但涉及的环节多，而且对每个环节都要做到精准控制。

在我们将结论总结出来之后，我们在建构论证部分的分析论证中就只剩下最后一个挑战——前提是什么？由于在上文进行解构论证的时候已经很清晰地将法律规定的底线和陈律师认为的底线分别解读了出来,所以这部分就不会太难。我们能比较轻松地总结出陈律师认为的底线(小前提或前提)——嫖娼的底线是16周岁,法律认为的底线(大前提或者未表达前提)——嫖娼的底线是"嫖",没有年龄限制。因此能够证明陈律师对嫖娼底线的认识是错误的。那么我们将这两个前提填入表3-15就得到了表3-16,也即最终的建构论证中的分析论证。

表3-16 建构论证中的分析论证的前提确定

问题	结论	小前提	大前提
陈律师的言论为什么引发了这么大的争议?	陈律师对嫖娼底线的理解是有问题的	陈律师认为嫖娼的底线是16周岁	法律规定(客观真实)的嫖娼底线是"嫖",没有年龄限制

这样我们就完成了建构论证中的分析论证,其实建构论证常规上推进到这个程度就可以了,但是有的时候我们需要抽离出来再审视一下我们的论证是否成立,就像小时候我们做数学题需要验算一样,我们需要再使用评论论证(如表3-17)来看一下我们的建构论证中的分析论证是否有问题。

此时的评论论证就是自我审视,重新审视一下自己对于问题的识别、前提的提炼以及对前提和结论关系的推理。如果不放心,我们还可以把这个过程交给其他人来完成,这样我们就有了一个第三人的视角。只不过,由第三人来完成的评论论证就又变成了解构论证中的评论论证了,因为我们的观点对于第三人来讲是一个既有观点,他需要进行解构。

表 3-17 对我们的建构论证观点的评论论证

分析论证				评论论证
问题	结论	小前提	大前提	①前提是否为真; ②前提能否推出结论
陈律师的言论为什么引发了这么大的争议?	陈律师对嫖娼底线的理解是有问题的	陈律师认为嫖娼的底线是16周岁	法律规定(客观真实)的嫖娼底线是"嫖",没有年龄限制	问题成立 前提为真 前提能推出结论

这样,我们就围绕陈律师就王振华嫖娼案回答记者提问的例子做了全方位的解构论证和建构论证,分析了解构论证和建构论证与分析论证和评论论证的嵌套关系,更为重要的是,我们还在此过程

中提及了问题、结论、前提的总结和提炼,以及要想准确地总结和提炼会涉及另外一些基础的思维技能,这是我们在下文的前提线索部分要介绍的内容。

需要进一步解释的是,我们此处仅就陈律师回答记者提问的例子展开了关于解构论证和建构论证的介绍。实际上解构论证和建构论证无处不在,只要存在一个既有观点我们就需要进行解构论证,只要我们发表新观点和看法就需要进行建构论证。解构论证和建构论证的存在场合是相当广泛的,下文还会以论文写作为场景来呈现解构论证和建构论证以及分析论证和评论论证的关系。

第四章　法律思维对法律人的要求（2）：前提能力
——要保证前提为真

上文已经提及，法律思维是一种理性思维，即要想保证结果正确，前提必须满足一定要求：前提必须为真，即由客观真实构成。前提包含大前提和小前提，前者在法律实务工作中多为法律规定，后者多为案件事实。① 我们将提炼正确前提的能力称为前提能力，即法律人要有能力形成真的前提。在系统讲解大小前提如何形成之前，我们需要了解前提的表现形式——断言。

---

① 在法学理论研究中，大前提和小前提又会发生变化，这一点我们在第六章"法律思维的实操（2）——论文写作"中会继续揭示。

第四章 法律思维对法律人的要求（2）：前提能力

一、前提的表现形式——断言

（一）前提由断言构成

前提[①]是由一个句子构成的，但不是所有的句子都能成为前提。前提是由断言构成的，事实上结论也是断言，所以，断言是论证的基本单位。论证也被称为通过证明一个或多个断言（前提）为真，经过推理证明另一个断言（结论）为真的过程。也即，论证以及构成论证的前提和结论不是随便的一个句子，如表4-1，是有特殊要求的，要求必须是断言这种句子形态，要想了解前提就必须深入了解什么是断言。

表4-1 断言构成的前提、结论以及论证

问题	结论	前提
张三是否构成故意杀人罪？	张三构成故意杀人罪（断言）	1. 张三符合故意杀人罪主体要件（断言）
		2. 张三主观上具有直接故意（断言）
		3. 张三实施了杀害李四的行为（断言）
		4. 李四的生命权被侵害（断言）

---

① 此处的前提是一个统称，既包括前提也包括未表达前提。

在具体介绍断言之前，我们还需要指出断言跟上文提及的论证中的术语一样，也存在不同的称呼和表达，中文英文都是如此。通常，中文将"断言"称为陈述、主张等，英文的表达通常是 assertion、claim、statement 等。本书统一称之为"断言"，它主要是指在口头或书面交流中，表明自己观点的、有真假之分的论断（判断）。请读者结合表4-1细细品味，其中的每一个前提都是一个判断，也即本书所称的"断言"。要想完成一个成功的论证，或者要想保证"前提"为真，断言至关重要。因此，笔者先要向读者介绍断言，帮助大家理解断言和其他表达之间的关系。

（二）正确理解构成"前提"的断言

很多时候，由于对断言理解错误，我们不能正确地把握前提，进而不能保证前提为真。前提不为真，前提就推不出结论，进而论证也就不成立。论证不成立，整个解决问题的过程就崩塌了。所以，正确运用法律思维的前提之一——保证前提为真（依据客观真实）的前提是了解断言是什么。

第四章 法律思维对法律人的要求（2）：前提能力

1. 如何区分"断言"与"非断言"

（1）断言体现作者对事物进行判断的意图

不是所有的陈述句都是断言，断言必须包含对事物的判断，同时在判断的过程中传递观点，只有满足这些要求的陈述句才是断言。断言最常见的表述形式是：X是Y、X不是Y或者X比Y好……这些句子都包含判断。我们可以通过观察一句话是否体现了说话者要对事物作出判断的意图来确定其是否为断言，如果说话者并不想对事物作出判断，而是想要体现其他的意图，则不是断言。

第一，命令不是断言。比如父母经常对孩子说：完成作业！这样的表达虽然传递了信息，表达了观点，但是单纯从表达的角度来看，说话人的目的并不在于对事物进行判断，而是要让对方执行，让对方做某事。或者这样说，在下命令之前父母已经作出判断了，父母内心的判断是：孩子的主业就是学习！在这个断言的基础上，直接下命令。所以，祈使句一般不被认为是断言，因为其本身不是判断。

第二，建议不是断言。比如你的朋友跟你说，我们中午吃火锅好吗？这句话也传递了信息，但不是判断，说话的人在提供建议的时候只是提供一个选项，至于这个观点是否正确、会不会被对方接受和认同，说话的人并不追求。当我们提供建议的时候，这个建议有可能是深思熟虑的结果，也有可能是一种直观的感受或者头脑中一瞬间的想法，根本不包含判断。即便是深思熟虑的结果，单纯以建议的形式表达出来也不是断言。

第三，请求不是断言。比如每年期末考试的时候，我都会收到几封邮件，有几个学生说自己答得不好，希望老师能高抬贵手，这就是请求。请求虽然也是传递信息，但不是判断，只是表达希望，因为这个问题不是学生能决定的，学生自己作不了判断，学生不是作出判断的主体。

第四，说明不是断言。比如，苹果是一种大家都熟悉的水果，它胖乎乎的，一般是红色的。这是一段说明性和描述性的文字，它不是在作判断，作者只是描绘了苹果这个事物的形状和颜色，并采用了一些修辞手法。很多同学在写文章的时候经常会用一些说明性的文字，但是这种说明性的文字一般出现在说明文或教科书中，而我们写的文章大多是议论文，在表达观点和论证的过程中要使用断言这种表达。

第四章 法律思维对法律人的要求（2）：前提能力

第五，疑问不是断言。有一种句子是表达自己的疑惑，比方说，你最近身体不好吗？现在几点了？说话的人并不是要作判断，只是希望从对方那里获得具体的信息来解答自己的疑惑，因此这样的句子也不是断言。

（2）断言是有真假之分的

断言是说话者对事物的判断，既然是判断，就会有判断正确的时候，也会有判断错误的时候，因此断言是有真假之分的。在这里强调两点：其一，论证（或者前提）是建构在断言基础上的，只有断言为真，才能满足法律思维的其中一个要求——依据客观真实，也才能保证结论是正确的，所以我们对断言进行识别的目的是希望找到真的断言。其二，断言有真假之分。说话者在作出一个断言也即判断的时候，也许从客观角度判断这个断言不是真的，但是说话者追求该断言是真的，或者说话者认为这个断言是真的，他才会说出来（当然，某些利用逻辑谬误进行诡辩的人可能也会故意说一些假断言来混淆视听）。从这个角度可以帮助我们判断一些表达是不是断言，比如单纯的问候：你今天怎么样？单纯的命令：完成这个工作!这些也都不是断言,因为它们无所谓真假,不涉及判断。对一个物理现象的描述、一份产品说明书都是说明性文字,也没有真假之分。

(3)作出断言的目的是交流观点并希望获得认同

我们说话是为了交流,有的时候交流的是经验,有的时候交流的是情感,而我们使用断言时交流的是观点和思想。所以从作出断言的目的是交流、内容是思想和观点的角度也能将断言和普通的表达区别开来。比如单纯的问候:你身体如何?吃饭了吗?最近怎么样啊?这些是交流,但是交流的都是情感,不是思想和观点。描述性的文字没有观点,只是告诉你信息,甚至不是交流。命令也是如此,没有交流的空间,命令的受众可能只能选择配合或者不配合。请求和建议也是如此,能否获得认同暂且不说,它们算不算一种正式的、公平的观点交流都是值得商榷的。

2. 理解断言要区分观点和事实

断言有很多种分类,比如主观断言和客观断言。主观断言是用来表达个人的观点和信念的,它的内容依赖人的认知和理解能力。客观断言的内容涉及的是

第四章 法律思维对法律人的要求（2）：前提能力

事实，不依赖人们对它是真是假的主观判断。也就是说，我们可以笼统地说主观断言是主观的观点，客观断言涉及的是客观真实。之所以要区分主观断言和客观断言，是因为我们需要在交流中判断断言的真伪，别忘了作出断言的目的是交流。如果对方提出的是主观断言，这涉及对对方的思想、认知和专业能力的考察，这部分是可以争论的；但是如果对方提出的是客观断言，而且这个客观断言是错误的，这个时候请你果断停止跟对方争论，因为我们一般不在客观真实的争论上浪费时间。比如，张三买了一辆红色的车，李四却跟你抬杠说张三买的是一辆蓝色的车，这时候不要争论了，因为基本事实都搞错了，再争论下去就是浪费时间！所以，客观真实（客观断言）是有唯一正确答案的。如果一个人把基本事实都搞错了，那么他不是认知水平低就是在故意抬杠，最好的策略是不理他。但是面对主观断言时就要保持谨慎，我们需要思考说出这个观点的人到底有没有提出这个观点的能力。电视上经常有所谓的专家谈论经济问题，但如果深入了解，我们会发现这些专家并没有受过系统的经济学训练，他们的观点（主观断言）基本上就是不可信的。

即便是主观断言也分不同的类别，有些主观断言涉及个人的价值判断、个人的感受。比如说，这道菜太咸了，苹果是一种很好吃的水果，女孩应该在30岁前结婚，等等，这些可以争论，但是争论的双方不容易达成一致，因为对此没有一个共同的标准。我们要围绕那些能够越辩越明、能够澄清认识的判断进行交流和争论，不要在没有结果的争论上浪费时间。所以，当有人指鹿为马的时候，我们要清晰地察觉到这是一个关于事实的判断问题，然后决定采取什么样的策略对待这个跟我们争论事实的人。同样，当有人试图说服我们蓝色是最漂亮的颜色时，我们要知道这种断言是关乎个人的感受且没有统一标准的，所以我们需要考虑的是"要不要与思维不在一个层面上的人争论"。"常与同好争高下，不与傻瓜论短长"，仔细辨别不同层面上的断言，体会说话人的思维水平，也有助于提高自己的辨别能力。

还有另外一个问题——观点和事实有时候会相互转化。所谓的事实，在最开始没有被大家接受和没有被反复证明成为一个被接受的事实之前，通常只是一个观点。比如最开始的"地心说"，那时候是一个

第四章 法律思维对法律人的要求（2）：前提能力

"事实"，而"日心说"只是一个"观点"，围绕这个观点产生了很多争论并且不能被大多数人接受，后来"日心说"得到证实，也逐渐被接受，现在提起太阳是太阳系的中心这个问题，没有人会否认这是一个事实。因此，围绕这个问题也就不会再产生争论。再比如进化论，最开始的时候是一个观点，现在基本上成为一个已被接受的事实。很多情况下，我们会发现事实是由观点进化而来的。这与我们所处的时代、人们当时的认识有关系。比如人们一开始一直认为天鹅只有白色的，但是后来在澳大利亚看到了黑天鹅，所以这个事实被改写了。随着人类认识的加深，事实和观点总是在相互转化。

我们用一个实际案例来说明事实和观点之间的关联，有时候表达者也不能区分自己所说的是事实还是观点，造成了判断失误。我上课的时候经常给学生播放《秋菊打官司》这部电影的简短解说版，这部电影描述的是，巩俐扮演的秋菊因为自己的丈夫被村长[①]踢了几脚，伤到了下身而不停地告

---

① 村长的正式称呼为村委会主任，为与电影保持一致，本书中保留电影中的"村长"叫法。

状，希望村长能给他们道歉。但是村长认为自己是村长，面子很重要，不能道歉。就这样秋菊为了得到村长的道歉一路从村里告到了市里，在村里、乡里和县里都没有获得满意的结果，直到最后，市检察院认定秋菊的丈夫被村长踢成肋骨骨折，属于"轻度伤害"，结果村长被警车拉走了。撇开故事的其他情节和引发的思考，我在课堂上问学生，本案的案件事实是什么？学生的回答五花八门，有的同学说村长踢伤了秋菊的丈夫；有的同学说秋菊的丈夫被村长踢成了"轻度伤害"；还有的同学说秋菊的丈夫被踢伤了下身，不能生育了……经过上文对事实和观点的区分，我们就能清楚地识别出这些同学说的都是观点，不是事实。真正的案件事实是——村长踢了秋菊丈夫几脚。至于踢伤了、伤到了下身、能不能生育这些都是秋菊的观点。本案的案件事实就是村长踢了秋菊丈夫几脚，这是纯而又纯的事实，没有经过任何"人脑"的加工。[①] 但是，很遗憾，我们的同学其实不能准确区分是事实

---

① 法律认定的事实是轻度伤害，这是法律事实，我们在后文的小前提部分会详细解释。

还是观点。在实际生活中也是这样的,人们经常把自己"加工过"的观点当成事实说出来,其实这就是一种"添油加醋",只不过人们并没有意识到他们不客观,还以为自己说的是事实。比如,我有一个朋友的孩子在学校被其他孩子给打了,我这个朋友的孩子还手了,在学校通过查看录像也能证实这个过程。于是老师就跟我的这个朋友说,这属于互殴,双方都动手了,也就扯平了。我说这不对,这不是互殴,这是防卫,而且没有超过必要限度。所以,观点有时候不正确,有时候也不是事实,请读者朋友们在实际生活中慢慢体会,日常生活中的事实和观点之争是非常复杂和烧脑的,但是也非常锻炼人的思维能力。

3. 理解断言要区分事实和虚构

断言的内容除了可以围绕观点和事实展开,还有一些断言是虚构的,法律思维要求我们识别出这些虚构的"断言",从而更好地进行论证。人的大脑很复杂,人的心理也很复杂,有的时候出于自我保护,人们会不由自主地说一些让自己舒服的话,然而这些话很多都是虚构的,我们需要识别出这些虚构的内容。比如,我做律师时,碰到的一类案件特别有意思——离婚案件。其实离婚案件在"事"的层面处理起来并不复杂，就几个核心的事：离还是不离，分清是婚前财产还是婚后财产，是否争取孩子的抚养权，等等。但是在"情"这个层面上处理起来就非常复杂。很多时候，律师原本能在一个半小时之内就把基本事实调查清楚的离婚案件，由于当事人深陷情绪和情感之中，拖拖拉拉好几天也问不出相关的信息。而且有一个特别有意思的现象，通常第一次会见当事人的时候，当事人陈述的内容有80%都是靠不住的，她会向我们数落对方的不是，哭诉自己跟配偶同甘共苦、一路辛苦打拼，强调自己的不容易……但是随着会见次数的增多，我们会发现第二次见面时当事人就会修正很多第一次见面时说的内容，直到最后，我们能够利用证据来证实当事人说的绝大部分内容都是不真实的，是自己头脑中想象出来的、有利于自己的"虚构"。每次处理离婚案件都是一样的，相较于我们最后能够核实的信息，当事人最开始陈述的信息有时候能含有80%的水分。为什么会这样？因为人有自我保护机制，他会用"虚构"来给自己心理暗示，对自己进行保护，烘托自己的形象，达到自己的目的。所以俗话讲"耳听为虚,眼见为实"。有经验的律师通常对当事人的陈述都不太往心里去,因为其中的水分太多,虚构的成分太多,自以为是的人太多,律师只相信有证据能够证实的当事人的陈述。但是令人感到惊奇的是,虚构的成分每次都远远超过能够被证据证实的部分。

类似的事情还发生在我的生活中,我家的两个孩子打架,事后每个人单独陈述的时候都指出了对方的错误,夸大对方的过错并且突出自己的委屈。但是当我们深入了解他俩为什么打架的时候,会发现两个人都有过错,但是都把过错推给了对方,并且强调了自己的委屈。这就是人类大脑的自我保护机制,它有时会让大脑编造谎言来"保护"自己。我们不试图分析人的心理和大脑的这层自我保护机制,但是法律思维要求用证据说话,兼听则明。识别出断言是事实还是虚构也是构建论证的前提。

二、前提的构成——客观真实

(一) 显性知识与隐性知识

"客观真实"有很多种类型,包括书本上的知识和工作、社会与生活中的知识,前者被称为显性知识,后者被称为隐性知识。本书在上文所提及的知识主要是指书本上的知识,即显性知识。但这部分主要想分享的内容是法律思维所指的客观真实不仅包含书本上的显性知识,还大量地存在于隐性知识中。隐性知识主要有三大类:一类是隐藏在实践中的专业知识,这部分与书本上的知识共同构成专业的部分,也经常有人将这部分实践中的隐性专业知识称为经验。隐性知识还包含生活和社会中与人文相关的知识。参见表4-2,客观真实其实包含四种:①书本上的专业知识;②实践中的专业知识;③生活中的知识(个人);④社会中的知识(群体)。而只有第①种——书本上的专业知识是显性知识,其余的都是隐性知识。这些隐性知识老师在课堂上是不讲的,只能自己在生活和社会中学习,而且这部分知识的习得程度主要取决于每个人独特的个人经历。

第四章 法律思维对法律人的要求（2）：前提能力

表 4-2 显性知识和隐性知识

客观真实			
显性知识	隐性知识		
书本上的专业知识	实践中的专业知识	生活中的知识(个人)	社会中的知识(群体)
专业方面	生活经历方面		

我们先举一个专业方面的例子来说明隐性专业知识的存在及其重要性，这也说明了为什么我们大学的每个专业都安排了实习，所谓的实习就是让学生到实际的工作岗位上学习一些在书本上学习不到的知识，这部分知识是实践中的专业知识，是隐性的，也被称为职业经验。

我和一位做律师的朋友居住在同一个小区，我们经常会约一起在小区楼下散步。有一天晚上，这个律师朋友指着我们小区一栋楼的一个单元（西侧）说："这一侧没有一家是亮灯的。"其实，我并没有留意过这栋楼以及这一侧 1—18 楼都不亮灯的单元。我的这位律师朋友第一次说的时候，我也没当回事就过去了。第二天、第三天，我们依旧在晚上的时候遛弯，每次路过这栋楼都发现这一侧

1—18楼没有一户是亮灯的。于是,第四天,我的这位律师朋友告诉我,这一侧应该是抵账房,目前没有出手。我的直觉认为她是对的,但我们还是用分析论证和评论论证来分析一下这场对话,表4-3揭示了我的这位朋友得出结论的过程。

表4-3 分析论证以及其中的隐性知识

问题	结论	前提	未表达前提
小区里的一栋楼一个单元1—18楼一直没有亮灯,这属于什么情况?	抵账房	①这个小区已经快10年了 ②正常买卖的情况下,很少出现一侧1—18楼都卖不出去的情况 ③持续几天观察都不亮灯	实践中,开发商经常欠钱,以房抵债,用一整个单元楼抵债

从个人角度,我认为这个论证是成立的,但是我也是凭直觉进行的判断,因为我没有充分的证据,也不了解行业内部的操作规律。我虽然是法律专业出身,但是一直从事法学理论的研究,并不涉足实务,尤其是房地产实务。我的朋友也是法律专业出身,虽然没有像我一样读完博士,最后还成了博导,但是她在实务界摸爬滚打多年,积累了很多

第四章　法律思维对法律人的要求（2）：前提能力

经验。关键时刻，经验会帮助她作出判断。只要未表达前提是成立的，这个论证就是成立的，它的推理是个闭环。所以，要想验证这个论证是否成立，就要去调查两件事情：其一，开发商是否经常这样操作；其二，这栋楼的开发商是否也这样操作。后来有一次，我遇到了一个物业的管理人员，和他聊起了这栋楼的情况，证实了这栋楼西侧单元确实是抵账房。这个过程也印证了胡适先生所说的"大胆假设，小心求证"。有些事情我们不知道原因，或者别人也只是推测，我们可以先假设，然后找机会验证。

所以，同为法律专业出身的我和我的朋友，一个从事理论工作，一个从事实务工作，我们对一件事情的敏感度和判断都是不一样的。这个案例向我们说明了，很多知识是在书本之外的，是以隐性知识（经验）的形式存在的。我们仅依靠在书本上学到的东西恐怕是不够的，这就是为什么要了解书本上的知识在实践中是怎样应用的。但是，经验和经验之间也存在很大不同。稳定的、经过大规模测试的经验和不稳定的、仅经过小规模测试的经验是不同的。上文中提及的开发商以房抵债的情况几乎是行业的常态，因此这是一条相对稳定的经验。但是有些经验是个别的、小众的，不具有普遍性。用经验作判断的时候，我们要谨记，经验有可能不是"客观真实"，经验不稳定，经验很有可能随着时代和大环境的改变而改变。所以，要清楚地知道自己作出判断的依据是经验，它不一定为真。但是，不可否认的是，经验很重要，有时候又很宝贵。比如一个外科医生最成熟的年龄段是40—55岁，因为此时的他们经验丰富且操作熟练。40岁之前，外科医生见过的病例相对少，虽然身强体壮，但可能有很多疑难的病例处理不了，很多日常的病例虽然能处理但完成度可能不会太高；40—55岁之间，他们见过的病例多，身体依然强健，手术操作也很稳，日常的病例处理得得心应手；55岁之后虽然经验（也可以叫作阅历）超级丰富，但是身体的控制力逐渐减弱，手就会抖，操作起来就不如年轻的时候那样精准，心到力不到。同理，一个导师最成熟的年龄段也是40岁以后。以我本人为例，我12年前开始带研究生，最开始并不会带，所以最初几届研究生都指导得不是很到位。现在，我见过各种各样的学生，阅读过几千篇学位论文，指

第四章 法律思维对法律人的要求（2）：前提能力

导过近百位研究生，帮助很多高校开设论文写作课程，辅导青年教师写作，具有丰富的经验。可以毫不客气地说，绝大多数论文摆在我的面前，我都能快速识别出这篇文章的问题是什么，并给出准确的修改意见。如今到我门下学习的学生就能获得比最初几届学生丰富得多的指导。现在我从事的工作就是把我关于论文写作的经验认识上升到本质层面，写成书，让更多的人对这个领域有更深的理解，而不必再像我这样花了十几年时间才从实践、经验中一点一点总结出来。最后总结一句话，那些对某一事物较为本质的经验认识，经过无数次的检验其实就变成了知识。

有关生活中的知识的例子就更多了，我们用一个福尔摩斯探案的故事来说明"世事洞明皆学问"。福尔摩斯第一次见到华生就知道他是从阿富汗来的，为什么？

> 福尔摩斯："……咱们初次会面时，我就对你说过，你是从阿富汗来的，你当时好像还很惊讶哩。"
> 华生："没问题，一定有人告诉过你。"

福尔摩斯:"没有那回事。我当时一看就知道你是从阿富汗来的。由于长久以来的习惯,一系列的思索飞也似的掠过我的脑际,因此在我得出结论时,竟未觉察得出结论所经的步骤。但是,这中间是有着一定的步骤的。在你这件事上,我的推理过程是这样的:'这一位先生,具有医务工作者的风度,却是一副军人气概。那么,显见他是个军医。他是刚从热带回来,因为他脸色黝黑,但是,从他手腕上黑白分明的皮肤看来,这并不是他原来的肤色。他面容憔悴,这就清楚地说明他是久病初愈而又历尽了艰苦。他左臂受过伤,现在动作还有些僵硬不便。试问,一个英国的军医在热带历尽艰苦,并且臂部负过伤,这能在什么地方呢?自然只有在阿富汗了。'这一连串的思想,历时不到一秒钟,因此我便脱口说出你是从阿富汗来的……"①

福尔摩斯之所以在第一次见面时就能准确判断

---

① [英]柯南道尔:《神探福尔摩斯》(第1集),岳文楚、周可等译,中国文联出版公司1995年版,第17页。

华生的过往经历是源于他丰富的侦探经验,有丰富生活经验的人能体会和看透的东西就要多一些。

(二)知识、信息与数据

上文介绍的是客观真实与知识的关系,知识包括狭义的书本上的知识,也即显性知识;以及广义的存在于专业实践、社会和生活中的知识,它的表现形式主要是潜规则、经验、规范等,即隐性知识。但是,客观真实并不总是以知识(显性或隐性)的形式出现,还有其他的形式——信息,为了了解这部分内容,我们首先要了解知识、信息与数据之间的关系。

数据是对客观事物的符号表现,单纯的数据没有意义,经过解释,数据才变得有意义。数据的表现形式可以是文字、图形、图像、音频和视频等。比如给我们一个数字"24",这就是数据,这个数据没有任何意义,但是如果说我的学号是24号,我今年24岁,那么经过解释,这个数据24就有了意义。值得注意的是,文字、图形、图像、音频和视频本身不是数据,它们只是数据的载体。

信息是指将数据放在某个语境中,或者在某个真实场景中使用,数据就有了意义,数据在这个时候就变成了信息。比如"24"是数据,"我今年24岁"就变成了信息。数据经过存储、分析及解释后才能产生意义,即信息。信息可以被共享,也可以被加工处理,因此信息有真伪之分,需要鉴别。

知识是人类在社会实践中获得的认识和经验的总和,也是人类在实践中认识客观世界(包括人类自身)的成果,它包括对事实、信息的描述,即在教育和实践中获得的技能。知识是可以积累与传承的。比如,0℃是数据,"今天的气温是0℃"是信息,"0℃的时候水会结冰"是知识。

而思维是什么?当我们拥有了知识——"0℃的时候水会结冰",也掌握了具体的信息和数据的时候,我们可以在知识的基础上作出判断。比如在水里添加西瓜汁、苹果汁、橘子汁等,把它们放在低于0℃的环境里(冷冻)就能获得冰棍,然后就能卖给有需要的人,就可以获得收益,这就是利用知识解决问题,能利用知识解决问题的人也被称为智慧的人。我们可以结合图4-1来理解数据、信息、知识和智慧之间的关系。

综上,我们能够看出,数据是最底层的,把数据放在特定的场景中经过解释分析就变成了信

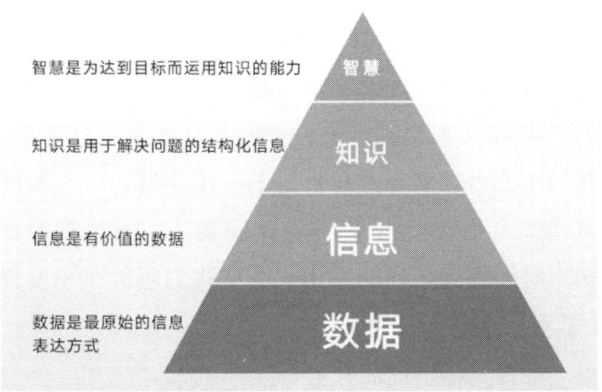

图 4-1 数据、信息、知识和智慧关系图

息,有了各式各样的信息,知识就会慢慢累积下来,运用各种知识解决问题就产生了智慧。本书强调的法律思维是运用法律知识、信息、数据解决问题的能力,也是一种智慧。

到此,我们已经将客观真实的基本形式介绍完毕。对于个体而言,我们总是强调一个人的知识面要宽,不能局限于书本或者专业上的那些知识,这个观点也能从本部分内容的叙述中得到印证。因为法律思维赖以存在的客观真实是一个很宽广的存在,它既包括显性知识,也包括隐性知识;既包括书本上的知识，也包括实践中的知识；既包括生活中的知识，又包括社会中的知识；既包括专业知识，也包括其他的人文、自然等知识。一个人了解的"客观真实"越广泛，看问题也就越接近本质。我们用苏力老师曾经分析过的一个案例——"黄碟遭遇陕北案"（以下简称"黄碟案"）来呈现隐性知识对于理解案件的作用，下文我们还会在小前提（事实）部分重复用到这个例子。

案件具体情况简介：

2002年8月18日晚，延安市宝塔公安分局万花山乡派出所民警接到群众举报电话，毗圪堵村有户居民在"家"播放黄碟。当晚23时许，一名警察与三名身着警服、据称因为尚未授警衔所以未佩戴警号的民警前去调查。播放黄碟的张某毕业于宝鸡市卫校。毕业后张某在宝塔区万花山乡毗圪堵村开了家诊所，诊所由两间通透的商用门面房构成。房屋靠后有一张床，张某夫妇晚上就住在这里。诊所面朝该村大道，紧邻的房屋也全都是商用门面房。民警来到后从后窗看到有人放黄碟，就敲门进去。除了收缴黄碟，民警还试图扣押 VCD 机、电视机。张某不让，抡起一根木棍砸向一名民警，该民

第四章 法律思维对法律人的要求（2）：前提能力

警手被打伤。民警以妨碍警方执行公务为由，将张某以及现场收缴的作为播放淫秽录像证据的三张淫秽光碟以及电视机、影碟播放机一起带回派出所并留置。次日，张某在向派出所缴纳了1000元暂扣款后被放回。

8月20日，《华商报》第一次报道了这一事件，随即引起媒体和读者的广泛关注。在从中央到地方政府、从媒体到学界的巨大压力下，尽管宝塔区公安分局曾试图以各种方式抵抗，但均以失败告终。2002年的最后一天，事件有了最终结果。当事人与当地警方及有关部门达成协议：警方向当事人赔礼道歉；有关部门一次性补偿当事人29137元（医疗费、误工费等），并对事件有关责任人作出相应处理。①

这起事件从一开始就被界定为公权力与个人隐私的冲突②，结论可以用一句话来概括：政府无权干预诸如夫妻在自己家中看"黄碟"这种不损害他

---

① 参见苏力：《是非与曲直——个案中的法理》（修订版），北京大学出版社2024年版，第75页。
② 转引自苏力：《是非与曲直——个案中的法理》（修订版），北京大学出版社2024年版，第76页。

人的事情。原因（前提）是在自己家里看黄碟是个人隐私。既然是个人隐私，公权力就无权介入。这背后的理论（前提的前提，即未表达前提）是自由主义。为了更好地呈现这种观点的内部结构，我们用上文介绍的分析论证来展示，如表4-4所示。

表4-4　"黄碟案"的分析论证

问题	结论	前提	未表达前提
警察是否有权处理夫妻在家看黄碟的行为	没有	①夫妻在家看黄碟的行为属于个人隐私 ②夫妻在自己家看黄碟的行为不损害他人	自由主义

此事件虽然已经盖棺定论，但是从学术的角度，苏力教授依旧从自由主义、社群主义角度进行了深入的分析，得出了不同的结论。苏力教授指出，他赞成这一原则——政府无权干预诸如夫妻在自己家中看"黄碟"这种不损害他人的事。但是苏力教授随后又从对自由主义的限制和社群基础的角度对此次事件中"不损害他人"和"自己家"提出了不同的看法。

首先，苏力教授讨论了自由的限度。苏力教授指出："正如密尔所强调的那样，'在仅涉及本人的

第四章　法律思维对法律人的要求（2）：前提能力

那部分行为'，一个人的独立性在权利上是绝对的。"但什么是"仅涉及本人的那部分行为"？随即苏力教授指出："自由主义强调的个人自由从来都以不损害他人同样的自由为前提，即个人自由是有限度的。"在"黄碟案"中，苏力教授认为，事实并非警方认定的在"家"看黄碟，而是在"屋内"看黄碟，而且这一行为对他人产生了干扰，理由如下：①有人报警，这至少说明张某夫妇看黄碟的行为侵扰到了别人，可能是视觉上，也可能是听觉上。否则为什么会有人打电话给警察？报警人的权益也是受到法律保护的，如果不是他的利益受到了张某夫妇"看黄碟"的侵害，他为什么要报警？这个事实在警方处理的意见中被忽略了。②从案件事实来看，张某的诊所面朝村大道，而且警察到来后从后窗看到里面确实有人在放黄碟就敲门进去。这一点说明张某虽然在屋内，但很容易被外面的人观察到在干什么。从上述分析来看，我们很难得出张某夫妇在"看黄碟"的过程中没有对他人产生干扰的结论。

其次，苏力教授讨论了自由的社群基础。苏力教授指出，自由主义其实是基于特定经济基础和社会条件的一种社会实践，主要与现代工商社会相联系。我们不能简单化或者随口表达自由主义，要将其放在现实的生活场景中讨论。在"黄碟案"中，案发地点并不是完全的现代工商社会，而是西北黄土高原上一个经济和社会均不是很发达的城市，五年前刚从县级市升格为地级市，具体事件则发生在市郊乡的一个村里。虽然苏力教授没有亲自去过那里，但还是能够想象到它与中部地区现代都市工商社会环境差距相当大。"黄碟案"发生的环境还保持着一定强度的农耕社区情感，社会的文化价值或偏好还不那么多元，即属于工商社会的自由主义在这里并不是一个主流的价值取向。我们必须支持甚至必须尊重这一地区是一个农耕社区的现实，居住在该地区的当地民众有权利要求人们遵守基于社群主义和农耕文明产生的普遍规则。

张某接受过有关医学的相对高等的教育，在当地开诊所是一种商业活动，在当地这个偏农耕社区中具有一定的现代化因素，也倾向于接受上文所提及的自由主义，然而更应该看到的是农村社区的人民可能并不能接受他们的做法。在这种人际关系紧密的社群中，自由主义很难发生并起主导作用，社

第四章 法律思维对法律人的要求（2）：前提能力

群主义才是主导。也就是说，苏力教授认为，在这种远离现代工商文明的西部偏农耕社区，人们若主张工商文明意义上的自由主义其实没有考虑到社会环境，容易造成更多的社会共识碎裂，进而带来诸多的社会问题。

综上，苏力教授在自由的限度和自由的社群基础两方面的分析基础上得出结论——在"黄碟案"中，真正冲突的双方其实不是代表国家的警方与看黄碟的张某夫妇，而是张某夫妇与其邻居，是社区内不大在意邻里之间的关切并因此不大容易被人待见的少数个体与那些相对传统、守规矩但也不一定更值得赞赏的社区内其他人——绝大多数人——之间的冲突。警方的干预，就其目的和功能而言，其实只是来界定冲突双方各自的权利，只是试图维系社区平安这种社会公共价值。苏力教授进而指出，一众学术或职业法律人还没有看清问题，也没有理解争点，就急忙表态了。

上文内容多数来自苏力教授的分析，从上述分析可以看出，苏力教授认为警方对这起事件的处理是不正确的，原因在于他们对自由主义的理解是错误的，导致这起案件从一开始定性就是错的。我们用表 4-5 和表 4-6 来整理一下苏力教授对"黄碟案"的看法。

表 4-5　苏力教授对"黄碟案"的评论论证

分析论证				评论论证
问题	结论	前提	未表达前提	①前提不为真 ②前提推不出结论
警察是否有权处理夫妻在家看黄碟的行为?	没有	①夫妻在家看黄碟的行为属于个人隐私 ②夫妻在自己家看黄碟的行为不损害他人	自由主义	此处的自由主义是简单化和教条化的自由主义,不是真正意义上的自由主义,是不成立的。 ①自由是有界限的 ②自由是有社群基础的

表 4-6　苏力教授对"黄碟案"定性的分析论证

问题	结论	前提	未表达前提
在"黄碟案"中警察处罚张某夫妇的行为是什么性质?	是维系社区公共价值的行为,处理的是张某夫妇与邻里之间的纠纷(私权与私权之间的纠纷),而不是警方与张某夫妇之间的公权力和私权利的纠纷	①张某夫妇在"屋内"看黄碟的行为引发了邻居的不满,进而邻居打了报警电话 ②张某夫妇生活在农耕社群中,应当确保自己的行为不要影响其他人	自由主义是有限制和社群基础的

第四章　法律思维对法律人的要求（2）：前提能力

这样，我们就用苏力教授曾经分析过的一个例子来呈现显性知识和隐性知识在案件处理过程中的作用。当然，我们也广泛使用了上文提及的分析论证和评论论证。本书并不意图辨别苏力教授和既有的关于"黄碟案"处理结果的讨论孰是孰非，但仅从苏力教授的分析中我们就能看出一位学者的法学理论功底（显性知识）和社会学基础（隐性知识），当我们越是从广泛的社会文化以及专业理论的角度看待案件时，我们越能获得丰满的案件分析。

三、大前提断言的形成——法律

我们已经将前提的基本知识解释清楚了，包括前提与客观真实的关系、前提的表现形式、前提与断言的关系以及断言的基本知识。实践中，无论是大前提（本处所指的法律规定）还是小前提（下文所指的事实）都不是现成的、可以直接拿来用的东西，多数情况下，前提是需要我们自己提炼和总结出来的。将前提整理成法律需要的样子（符合法律规定和案件情况的断言），这一步至关重要，因为前提是否为真直接决定了结论是否正确。本部分我们仅讨论大前提断言的形成过程,在正式介绍大前提断言的形成过程之前,我们先介绍一下不同案件中法律适用的差异,然后再介绍大前提断言通常的形成过程。

(一)法律适用清晰的案件 vs. 法律适用不清晰的案件

所谓法律适用清晰的案件,是指案件的定性没问题,即在提出问题环节没有问题。案件的当事人和法院都不会对这个案件的性质产生异议。比如上文中提及的张三构成故意杀人罪这个案件,对于案件的性质大家没有太大异议,案件会沿着故意杀人罪的"剧情"走下去,所适用的法律也围绕故意杀人罪展开。在这些案件中,对于案件的性质和所适用的法律不存在争议。对于成熟的法律人而言,这部分法律已经了然于胸,他们甚至可以直接将法律要素化,连法律如何演变成前提(断言)的过程都不需要,因为在其过往代理案件的经验中,这部分已经非常熟练了。他们遇到这样的案件就可以直接考察事实问题(参见下文内容)。对于不成熟的法律人(如法学院的学生),我们还需要一步一步地向其介绍大前提断

第四章 法律思维对法律人的要求（2）：前提能力

言通常形成的过程，因为学生们对于如何在实践中把书本上学习到的理论、法条与案件结合起来还不熟练，得分步骤讲解。

所谓法律适用不清晰的案件是指案件的定性存在争议，即在提出问题环节存在问题。案件的当事人和法院都对这个案件的性质产生异议。比如于欢案，一审法院将其定性为故意伤害罪判处无期徒刑；二审法院将其定性为防卫过当判处五年有期徒刑。对法律人而言，这种法律适用不清晰的案件就不能直接进入检索①和加工大前提的环节，我们首先要确定大前提所涉的法律是什么。法律适用不清楚的案件存在两种情况：其一是当事人或者司法机关对案件的定性存在分歧；其二是当事人或者司法机关对案件的定性谈不上有分歧，只是前期没有接触过这类特殊案件，对法律适用无从下手，需要案件各方研讨和互动才能最终确定所依据的法律。这

---

① 检索大前提（案件适用的法律）的前提是知道这个案件是什么性质（即知道该案适用什么法律），这是检索的方向。检索大前提是全面收集大前提的法律规定、典型案件信息的过程。但成熟法律人可能也不需要检索，他们已经非常熟悉这些常规的法律规定，检索大前提发生在新手法律人处理案件以及案件不太常见、所涉法律不属于法律人了解和掌握的范畴的情况下。

是法律的相对抽象性与现实生活的复杂多样性之间存在的矛盾导致的。典型的案件就是近期发生的因投喂流浪猫被判赔偿24万余元的案件。该案中,吴某与同事在羽毛球馆打球时,因踩到流浪猫肚子上摔倒致伤,构成十级伤残,吴某遂将羽毛球馆所属公司与流浪猫投喂者肖某诉至法院。该案一审法院(上海市闵行区人民法院,以下简称"闵行区法院")判决肖某承担各项费用总计24万余元,羽毛球馆所属公司对上述费用中的医疗费在肖某不能赔偿的范围内承担补充赔偿责任,该判决于2024年2月23日生效。而后,依据《中华人民共和国民事诉讼法》第209条之规定,经闵行区法院院长提交审判委员会讨论,闵行区法院决定对本案提起再审。2024年7月24日,闵行区法院最终作出再审判决:撤销原审判决;对于原审原告吴某的合理损失24万余元,由原审被告羽毛球馆所属公司承担80%的赔偿责任,由原审被告肖某承担20%的赔偿责任。该案再审宣判后,原、被告均未提起上诉,再审判决已生效。但此案的法律适用问题引发了很多争议,包括投喂行为是否构成对流浪猫的饲养或管理,公众对流浪动物

第四章 法律思维对法律人的要求（2）：前提能力

管理的定性等。这类案件就涉及锁定应适用法律的争议。①

之所以区分这两类案件，是因为前者即法律适用清晰的案件不需要先解决应该适用什么法律的问题，新手法律人直接进入检索法律的环节即可；对于后者即法律适用不清晰的案件，当事人（含代理人）、司法机关都面临如何确定法律适用的问题。虽然司法机关在处理案件过程中必须适用法律，但是除了司法机关主观能动地分析案件应当适用何种法律，案件当事人的代理律师（法律人）对于各自所依据法律的主张也会影响司法机关最终对法律适用的判断。所以，在这类案件中，当事人及其代理人要先确定应该适用什么样的法律，并对法律适用问题进行充分的论证，争取获得法院的采纳。

考虑到第二类案件通常比较复杂，而本书写作面向的对象主要是法学院的学生，本书主要围绕第一种案件类型对法律思维中的大前提的形成原理作基本介绍，这是我们法学院的学生所欠缺的法律思

---

① 截至本书出版时，该案件已经有了最终的结果，被告肖某没有上诉，选择赔偿4.8万元。

维基本功,复杂案件留给法律人在日后实践中精进法律思维的时候慢慢体会。

(二) 大前提断言通常的形成过程

本部分开始介绍大前提断言通常的形成过程,还是使用上文陈律师回答记者提问引发争议的例子。需要注意两件事情:其一,在该例子中,所依据的法律没有争议。其二,上文提及的陈律师这个例子并不是王振华案件本身,而是围绕王振华案件产生的外围舆论事件(发生在社会生活中),虽然不是一个法律案件(发生在司法程序中),但也涉及法律思维。这个例子比较简单,大前提断言的形成过程与法律案件没有差异,我们用这个简单的例子阐释一下大前提断言形成的原理。我们先来回顾一下事件的经过。

【实例】

知名企业家王振华涉嫌嫖娼和猥亵儿童,这一事件引发了社会各界的高度关注。一名记者采访王振华的代理律师陈律师时问道:"王振华人品那么差,你为什么还替他辩护?"陈律师回答道:"王振华当然有错,他嫖娼的'主观故意性'是有的,但他16周岁以

第四章 法律思维对法律人的要求（2）：前提能力

下的少女绝对不碰，这是他的底线。"陈律师的观点引发了非常大的争议，请你谈谈为什么陈律师的言论引发了这么大的争议。

这是我们在解构论证和建构论证部分引用的一个例子，在解构论证中，我们首先对陈律师的观点进行了分析论证，如表4-7。这个步骤被很详细地记录在上文（参见第三章第二部分）。

表4-7 对陈律师观点的分析论证

问题	结论	前提（小前提）	未表达前提（大前提）
王振华有无底线？	王振华是有底线的	16周岁以下的少女他是不碰的	16周岁就是嫖娼的底线

为了能够对陈律师的观点进行评价，也即评论论证，我们就必须从前提是否为真、前提能否推出结论（大前提即未表达前提是否为真①）两条路径入手。首先，我们必须验证嫖娼的底线是什么，是不是陈律师所说的16周岁？这是决定我们能不能识别陈律师表达中存在的问题的关键。也即如表4-8

---

① 还记得未表达前提是前提能推出结论的保证吗？

所示，我们需要提炼出评论论证中的画问号的断言，只有提炼出这个断言，才能在后续的表 4-9 中回答陈律师的观点为什么引发争议这个问题（即将表 4-9 中的画问号的前提补足）。所以，我们的任务是判断陈律师观点的大前提①——16 周岁是嫖娼的底线是否正确，然后凝练出新的断言放在表 4-8 的评论论证和表 4-9 的建构论证的前提那一栏中。

表 4-8 对陈律师观点的评论论证

分析论证				评论论证
问题	结论	前提	大前提	①前提是否为真；②前提能否推出结论
王振华有无底线？	王振华是有底线的	16 周岁以下的少女他是不碰的	16 周岁就是嫖娼的底线	？（断言）

表 4-9 建构论证中的前提

问题	结论	前提
陈律师的言论为什么引发了这么大的争议？	陈律师对嫖娼底线的理解是有问题的	？（断言）

---

① 大前提有很多别称，如未表达前提、假设等。

第四章 法律思维对法律人的要求（2）：前提能力

为了能够在表4-9的前提一栏中放入准确的前提（断言），我们需要经过以下几个步骤：检索法律规定（即大前提）、准确提炼内容、剪裁形成断言，这样才能保证前提为真，也就满足了法律思维所要求的"依据客观真实"。我们逐一来看一下这三个步骤，需要指出的是，这三个步骤在陈律师这个例子中是比较简单的，现实生活中的前提（断言）提炼是非常繁杂且具有挑战性的工作，我们在这里仅用一个简单的例子阐明其背后的一些原理和要求，待读者掌握了这些原理之后，可以再在实践中不断提高自己的相关能力。

1. 检索法律规定

我们上文已经提及，法律思维（即要想得出正确的结论）要求前提必须为真，也即依据客观真实，那么我们第一步就需要锁定能够形成正确前提的"客观真实"。客观真实的种类很多，包括显性知识、隐性知识、理论、信息等。我们所处的情况和要处理的问题不同，需要检索的客观真实的范围可能就不同。而本部分援引的陈律师的例子其实很简单，我们只需要检索法律条文这一种客观真实就可以了，即大前提，如果想让我们的结论看起来更加确凿，我们还可以到中国裁判文书网站上去找以往相关和类似的案例来进一步佐证我们的观点。所以，此时我们把需要的法律条文检索出来，再去中国裁判文书网上检索几个案例。

通过检索，我们发现嫖娼是指一种非法的性交易，是指两人及两人以上以金钱财物为媒介发生不正当性关系的行为。嫖娼并不是刑事犯罪，不会受到刑事处罚，但在我国为法律所禁止，属于一种行政违法行为，会受到行政拘留或罚款等行政处罚。但是如果嫖娼的对象是幼女，即不满 14 周岁，则会发生根本性变化。我们先把相关法律条文检索出来：

法律规定 1：根据《治安管理处罚法》第 66 条的规定，卖淫、嫖娼的，处 10 日以上 15 日以下拘留，可以并处 5000 元以下罚款；情节较轻的，处 5 日以下拘留或者 500 元以下罚款。在公共场所拉客招嫖的，处 5 日以下拘留或者 500 元以下罚款。

法律规定 2：根据 1997 年《刑法》第 360 条第 2 款的规定，犯嫖宿幼女罪的，处 5 年以上有期徒刑，并处罚金。嫖宿幼女罪，是指嫖宿不满 14 周岁的幼女的行为。这是在幼女主动、自愿或者基于某种原因正在从事卖淫活动的情况下，明知卖淫者为

第四章 法律思维对法律人的要求（2）：前提能力

幼女而进行嫖宿的行为。但是这条规定于2015年被修改，被合并到强奸罪中。

法律规定3：根据2015年《刑法》第236条的规定，以暴力、胁迫或者其他手段强奸妇女的，处3年以上10年以下有期徒刑。奸淫不满14周岁的幼女的，以强奸论，从重处罚。强奸妇女、奸淫幼女，有下列情形之一的，处十年以上有期徒刑、无期徒刑或者死刑：（一）强奸妇女、奸淫幼女情节恶劣的；(二)强奸妇女、奸淫幼女多人的；(三)在公共场所当众强奸妇女的;(四)二人以上轮奸的;(五)致使被害人重伤、死亡或者造成其他严重后果的。

然后我们再去中国裁判文书网检索案例，检索到了两个相关判决：

案例一：吴××嫖宿幼女案（2015年之前）

案例二：王××强奸案（幼女）（2015年之后）

就这样，为了能够对陈律师的言论——王振华是有底线的，因为他不嫖16周岁以下的少女进行评论（判断），也为了提炼表4-8和表4-9中的前提，我们检索了相关的"客观真实"——三条法律规定和两个案例。这样，我们的第一个步骤，检索客观真实也就结束了。值得一提的是，检索客观真

实还需要按照 CRAAP 批判性辨别信息法①来操作。比如在及时性方面，我们检索了最新的法律条文，了

---

① CRAAP 批判性辨别信息法是一种用于评估信息质量的工具，特别适用于学术研究和论文写作。具体而言，它包括五个方面：
1. Currency（及时性）
关注信息的发布日期以及是否经过修订或更新。
过时的信息可能会失去其指导价值。
判断信息是否与当前话题同步，避免使用过时的数据或观点。
2. Relevance（相关性）
确保信息与你的研究主题紧密相关，能够解答你的疑问。
考虑目标读者定位，即作者是否明确针对你的研究领域或特定受众撰写。
通过广泛查阅不同来源的信息，确保所选信息能满足你的研究需求。
3. Authority（权威性）
考察作者、出版机构、赞助商的资质和信誉。
了解作者是否有相关领域的专业背景或证书。
查看出版商或机构是否具有良好的声誉和历史记录。
公开的联系方式可验证信息来源的真实性。
4. Accuracy（准确性）
确保信息基于可靠证据，经得起审查。
检查是否有充足的证据或数据支撑论点。
尝试通过其他途径验证信息的正确性。
注意语言中是否隐藏着潜在的偏见或情感色彩。
5. Purpose（目的性）
理解信息背后的真实意图，区分事实、宣传还是观点。
作者是否明确其写作动机，是教育、说服还是宣传。
内容类型是事实陈述、舆论见解还是宣传手段。
是否存在潜在的政治、意识形态等影响因素。

第四章 法律思维对法律人的要求（2）：前提能力

解到嫖宿幼女罪已经被取消，并入了强奸罪。在相关性方面我们检索了嫖娼和嫖宿幼女罪以及强奸罪的相关法律规定，因为这都跟被嫖对象的年龄有关。同时我们检索了相关案件，这些也都跟本案直接相关。在权威性方面，我们检索的网站都是权威网站，比如中国裁判文书网是由我国最高人民法院建立的统一裁判文书公开平台，这是最权威的网站。查询法条也不可以道听途说，要在中国人大网或者在正规出版社出版的法律条文书籍中检索。实践中，我们有很多同学在检索的时候都不是去最权威的来源和出处查询信息，而是在网上随意截取和复制，这样获得的信息是不能保证权威性和准确性的。在准确性方面，我们将法律规定和相关案件原封不动地检索出来，并没有作任何改动和加工，检索的也不是其他人对这些法条和案件的阐释、解析，而是第一手的准确信息。在目的性方面，这些信息的存在就是为了供人们检索来判断嫖娼、强奸以及相关主体年龄信息的，在目的性方面也是符合要求的。

2. 准确提炼内容

在将解决陈律师这个问题所需的客观真实全部

检索完毕之后，我们接下来需要将这些信息总结和提炼出来，这个步骤是非常困难的，因为需要阅读和加工。在训练法律思维的教学过程中，我们的学生或者一般读者在阅读和捕捉信息方面总是会出现"准确性"的问题，即不能忠于原文准确地将内容提炼出来。针对此处的例子，我们的任务就是要准确、简短、精炼地提炼出法律规定的内容和两个具体案件的内容，但是多数人都做不到。本书先结合例子将客观真实的内容准确提炼出来，然后再结合我的日常教学来告诉大家这个步骤其实很难，不仅提炼难，即人们很难准确提炼内容，更难的是人们压根儿不知道自己不会提炼、提炼得不准确，反而认为自己提炼的是正确的。那么这些没有被察觉的、被错误提炼的"断言"就被鱼目混珠地当成了前提。

在提炼之前，我们先交代一个基本前提——法律分为刑法和其他法律。违反刑法的行为被称为犯罪，是最为严重的违法行为，要受到非常严厉的惩罚。违反其他法律的行为被称为违法行为，属于一般违法行为，处理的原则不是惩罚而是补偿，即补偿受害者受到的损害。比如我们违

第四章　法律思维对法律人的要求（2）：前提能力

反合同约定是一般违法行为，违约金主要用来弥补合同相对方的损失。但是故意杀人、故意伤害等则是违反刑法的行为，属于犯罪，要受到刑法的严厉处罚（不再是补偿而是惩罚），比如有期徒刑、无期徒刑甚至死刑，还会并处罚金、剥夺政治权利等附加刑。这个区分在本书的这个案例中是有必要的，因为《治安管理处罚法》属于刑法之外的其他法律，它的处罚手段与刑法不一样，但是强奸罪或者法律修改之前存在的嫖宿幼女罪属于犯罪，会受到刑法的处罚。

先看法律规定 1 是怎么被提炼出来的：《治安管理处罚法》第 66 条规定："卖淫、嫖娼的，处十日以上十五日以下拘留，可以并处五千元以下罚款；情节较轻的，处五日以下拘留或者五百元以下罚款。在公共场所拉客招嫖的，处五日以下拘留或者五百元以下罚款。"这个法条的核心意思就一句话——嫖娼要受到处罚，处罚手段包括拘留、罚款。

再看法律规定 2 是怎么被提炼出来的：根据

1997年《刑法》第360条的规定,犯嫖宿幼女罪①的,处5年以上有期徒刑,并处罚金。嫖宿幼女罪,是指嫖宿不满14周岁的幼女的行为。这个法条的核心意思如果用一句话概括就是——嫖娼的对象如果是不满14周岁幼女的要受到刑法处罚,处罚的手段是有期徒刑和罚金。值得注意的是,这是2015年之前的规定,之后《刑法》把这个罪名并入了强奸罪。

我们最后看一下法律规定3是怎么提炼出来的:根据2015年《刑法》第236条第1款的规定,以暴力、胁迫或者其他手段强奸妇女的,处3年以上10年以下有期徒刑。奸淫不满14周岁的幼女的,以强奸论,从重处罚。这个法条用一句话概括就是——奸淫不满14周岁幼女的构成强奸罪并从重处罚。

---

① 1979年颁布的《刑法》未单独设立"嫖宿幼女罪",司法实践中对此类行为通常以强奸罪论处。1997年《刑法》修订时,在第360条第2款新增"嫖宿幼女罪",使该行为独立成罪并设置专门刑罚。2015年《中华人民共和国刑法修正案(九)》基于保护未成年人的立法考量,废除该罪名,将嫖宿幼女行为重新纳入强奸罪范畴并从重处罚。因此,"嫖宿幼女罪"仅在1997年至2015年期间存在。

第四章 法律思维对法律人的要求（2）：前提能力

我们再来看两个案例是怎么提炼出来的：案例一"吴××嫖宿幼女案"（2015年之前）证实了在2015年之前嫖娼对象是不满14周岁幼女的构成嫖宿幼女罪。案例二"王××强奸案"（2015年之后）证实了在2015年之后嫖娼对象是不满14周岁幼女的构成强奸罪。

至此，我们就把三个法律条文和两个案例按照忠于原文[①]的原则概括出来了，我们用表4-10来整理一下。要记住，这个环节不要考虑案情即陈律师和记者这件事情，即不要代入具体场景，单纯从法律条文和案例的角度出发来整理，结合例子（陈律师回答记者事件）对提炼的内容进行剪裁是下一个步骤的事情。这一步仅需要就法条论法条、就案例论案例，即仅阐述"事实"，不要带入"观点"。[②]

[①] 忠于原文即要求我们不要演绎和夹带私货（其实就是复述的能力），只要呈现出法条和案例的"事实"即可，不要用自己的"观点"取代事实，回溯秋菊那个案子，我的学生在描述案件事实时夹带的私货：秋菊的丈夫被村长踢了几脚 vs 秋菊的丈夫被村长踢伤了下身影响生育。

[②] 或者你可以将这个步骤理解为提炼大前提，而陈律师和记者之间的对话是小前提，此处还不涉及小前提。

表 4-10 对法律规定的提取

客观真实	提炼内容
法律规定 1	嫖娼要受到处罚,处罚手段包括拘留、罚款
法律规定 2	嫖娼的对象如果是不满 14 周岁幼女的要受到刑法处罚,处罚的手段是有期徒刑和罚金
法律规定 3	奸淫不满 14 周岁的幼女构成强奸罪并从重处罚
案例 1	在 2015 年之前嫖娼对象是不满 14 周岁幼女的构成嫖宿幼女罪
案例 2	在 2015 年之后嫖娼对象是不满 14 周岁幼女的构成强奸罪

在日常教学中,这个环节是最困难的,原因就是阅读存在问题,学生们抓不住重点。阅读是一种输入,提炼内容是一种输出,输入有问题输出就有困难。关于阅读的部分我在其他著作中阐述了很多,感兴趣的读者可以阅读《批判性思维与写作》《100 天写出一篇论文:论文写作的本质及过程控制》这两本书的相关内容。虽然写作和阅读需要思维以及思维底层的一些逻辑和论证,但是由于本书并不是专门讲写作和阅读的,因此,此处我们还是将注意力集中在提炼前提所需要的基本技能和方法上。

第四章 法律思维对法律人的要求（2）：前提能力

对客观真实内容（此处例子就指的是法条和案例）的准确提取本质上也是一种阅读，即在阅读完一大段文字之后，我们需要用非常简短的句子概括出这段文字的内容，这里面涉及六种思维技能，分别是概括、抽象、分析、综合、比较、分类。没有这些基本的思维技能，我们很难将客观真实中的内容提炼出来。接下来，我们简单介绍一下这些思维技能并揭示它们在准确提炼客观真实的内容方面所起到的决定性作用。

（1）概括

概括是指针对事物的内涵和外延进行操作的一种逻辑方法，它的目的是确定概念的上下属种之间的关系。比如牙齿这个概念与智齿、犬齿这两个概念是既相关又不同的，是一个概念上的伸缩，是上下位关系。正是因为概念不同，表达的内容也不同。概括是针对一段文字准确地概括出它的主要内容，这个主要内容是概念在范围上的差别，而非本质上的差别。比方说一段文字涉及了犬齿、智齿等下位概念，我们在概括的时候可能需要使用它们共同的上位概念"牙齿"才能将它们都覆盖住。概括要求思考者紧紧围绕文章的主要内容进行概括，层面不能太高,否则就会过于抽象,离主题有点远;但层面也不能过低,否则就会有很多内容概括不进去。比如智齿、犬齿、舌头、牙槽……这些概念的上位概念就是口腔,而不是牙齿,牙齿不能概括它们,但我们也不能直接概括成器官,这个概念太大了。所以,概括要求我们使用的概念层面既能涵盖所有内容,又不能层面太高。

(2) 抽象

通常我们会把抽象和概括放在一起使用,但这其实是两种不同的能力。针对阅读而言,概括是指将这段文字的主要内容整理出来,客观呈现主要内容即可,把一些细节整合到共同的上位概念之中。而抽象也是一种整合,但是这种整合要求我们直接"get"到本质层面。比如,智齿、犬齿等牙齿是人体的骨骼,这就是一个本质化的抽象。如果说概括还是在事物的表象层面进行上位概念的总结,那么抽象就是对事物本质属性的总结,两者不一样。但是,从某种程度上来说,概括也是一种抽象本质的行为,只不过层面相对低,只要求停留在被概括的信息的共同上位概念这个层面。但是如果被概括的对象本身层面就很高,比如自由主义、保守主义……它们共同的上位概念就是"政治哲学思想"。但是像追求发展、相信人类善良本性、拥护个人自治权、保护个人思想自由、限制政府对权力的运用、保障自由贸易、支持市场经济等关键词,它们共同的上位概念就是"自由主义"。概括所处的层面取决于被概括的对象所处的层面。同样,抽象也一样,我们能对同一组事物抽象出不同层面的本质,抽象到哪一层面取决于我们抽象的目的。比如智齿、犬齿等牙齿的本质是人体的骨骼,也是器官,也是钙化组织……至于需要在哪个层面揭示它的本质,取决于我们的"抽象"思维活动的背景和目的是什么。

(3) 分析

上文已经提及什么是分析,分是指拆分,析是指考察。分析是把一个事物的整体分解为各个部分,并把该事物的各个属性都单独地分离的过程。值得注意的是,这种拆分是按照一定的原理和逻辑进行的,而不是依据主观的想象。如果对这个部分的理解有困难,可以回头看一下上文对于分析的详细解释。

(4) 综合

综合就是分析的逆向过程,它是把事件里的各个部分、各个属性都结合起来，形成一个整体的事件。综合是在分析的基础上进行的，它的基本特点就是探求研究对象的各个部分、方面、因素和层次之间相互联系的方式，即结构的机理与功能，由此形成一种新的整体性的认识。所以，综合不是关于对象各个构成要素的认识的简单相加，综合后的整体性认识包含新的关于对象的机理和功能的知识。要想更生动地了解综合的思维过程，读者们也可以观察案件侦破行为，比如福尔摩斯每次都是基于现场的一些痕迹来判断凶手的状况，比如男性、中年、中等身材、文化层次偏低、左撇子、熟悉车辆修理……这个思维过程也是综合。

（5）比较

比较是在头脑中确定对象之间的差异点和共同点的思维过程，也是认识对象之间的相同点或相异点的逻辑方法。它可以在异类对象之间进行，也可以在同类对象之间进行，还可以在同一对象的不同方面、不同部分之间进行。例如，1719 年 11 月，富兰克林曾将天上的闪电与地面的电火花这两个长期被人们认为是毫无联系并且截然不同的客观对象作了比较。他在笔记中写下这样一段话：

第四章 法律思维对法律人的要求（2）：前提能力

电流跟闪电在这些特征方面是一致的：①发光；②光的颜色；③弯曲的方向；④快速运动；⑤被金属传导；⑥在爆发时发出霹雳声或噪声；⑦在水中或冰里存在；⑧劈裂了它所通过的物体；⑨杀死动物……[①]

富兰克林通过比较认识到两者有12个方面的相同点，并撰写了《论天空闪电与地下电火相同》一文送交英国皇家学会。1752年夏，一个雷电交加、大雨倾盆的下午，富兰克林做了著名的风筝实验，检验了他的发现。同样在思考的过程中，我们也时常会用到比较的思维技能，从而达到将不同性质和类别的信息区别开来并作不同分类的目的。

（6）分类

分类是根据对象的共同点和差异点，把它们区分为不同类别的思维方式。分类和比较经常"纠缠"在一起，经过比较可以将具有共性的事物放在一起，也可以对不同的事物进行更进一步的性质上的比较，从而开展科学研究。比较和分类本身都是

---

① ［美］弗·卡约里：《物理学史》，戴念祖译，内蒙古人民出版社1981年版，第126页。

为进一步的科学研究提供基础的、经过整理的信息的思维活动。

以上六种思维技能是在提炼前提的过程中经常会用到的,在这些思维技能的帮助下,我们才能准确地获取信息、整合信息。为了让大家体会这些思维技能在提取前提方面的重要性,本书先用短小的阅读范例让读者体验一下这些思维技能对自己准确理解文字内容的帮助。

【例1】

动物园中的一只猩猩,在游人的逗引和示范下,学会了向人吐唾沫的"本领"。为了把它从"人"进化成原本的猩猩,动物园想尽了多种"威胁利诱"的教育方式,但收效甚微。

这段话说明了:

A 教育要采取正确的方法

B 揠苗助长往往会适得其反

C 坏习惯的改正比养成更困难

D 好的道德风尚要靠公德心的培养

这个短小的阅读题考查读者对该段文字中作者观点的抓取能力,要想抓住作者的观点,先要识别出这段文字最核心的关键字,然后总结出作者围绕该关键字想表达的核心思想。这里涉及概括、抽象、比较、分类等大脑的思维活动,请在结合上文对这些思维活动的具体描述的基础上选择正确的答案。

这道题的正确答案是 A,你选对了吗?具体分析如下:这段文字分成上下两句,第一句说的是猩猩跟游人学会了吐唾沫的本领,原因是游人使用了"逗引"和"示范"的方式。第二句说的是动物园想让猩猩改掉这个"本领"但是没成功,原因是动物园采用的是"威胁利诱"的教育方式。综合上下两句我们能够发现,这两句有一个共同的关注点——教育方式,游人采取的教育方式与动物园采取的教育方式不同,进而导致猩猩的学习效果是不同的。因此,本段文字的核心关键字是教育方式,采用不同的教育方式会有不同的效果,进而引申出答案 A 的结论——教育要采用正确的方法。即便我们不能像书中所说的这样,从正面分析这段文字的核心关键字、概括每句话的意思,对游人和动物园的行为方式和结果进行对比和分类,进而选择出正确的答案。从排除法的角度,只要我们能判断出这段文字的核心关键字是教育方式，我们就应该能够看出 BCD 完全是错误的，因为它们都偏离了最核心的关键字——教育方式。这段文字主要考核的是读者能不能抓住作者的观点，而抓住作者的观点，往往伴随着大量的大脑思维活动。我们用图 4-2 呈现这段文字的逻辑关系，方便读者更好地理解这段文字的核心意思和逻辑架构。

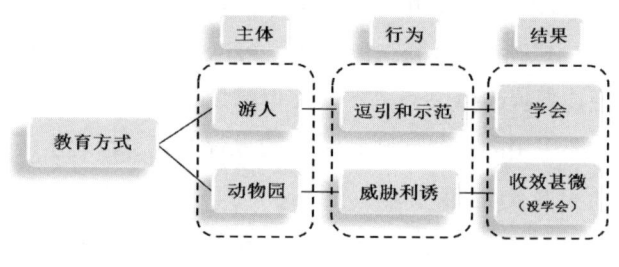

图 4-2 例 1 的逻辑关系图

这是我在实际教学中使用的一个阅读范例，目的是考查学生的阅读和提取能力，也就是考查学生是否能够准确掌握所阅读文字的意思。但是，令人遗憾的是，能够做对并准确画出逻辑关系图的人非常少，连上课人数的 1/10 都不到。大多数同学抓住的是无关紧要的词汇，或者把次级关键词当成核心关键词，画

第四章 法律思维对法律人的要求（2）：前提能力

的图完全没有逻辑、五花八门。我们再次强调一下，在上述阅读片段中，教育方式是核心关键词，我们使用了分类、比较、综合等思维方式确定"游人"和"动物园"是教育方式的主体，"逗引和示范"和"威胁利诱"是行为，"学会"和"没学会"是结果。所以，要想正确理解一段文字的内容，没有上文所提及的六项思维技能是不可能实现的。

【例2】

历史是个好老师，如果你一次没学会，她会不断地重复。

这句话说明的道理是：

A 历史总会重演

B 历史永不间断

C 学习是个不断重复的过程

D 应该从历史中汲取经验教训

要想做对这道题，我们需要分析一下题干部分——历史是个好老师，如果你一次没学会，她会不断地重复——到底说的是一个什么事情。我们来看这里面的关键字：历史、老师、你、学会、重复……这说的是什么？这就需要动用概括的思维技能，总结出历史、老师、你、学会、重复……这些词汇的共同上位概念，我们试着用图4-3来展示一下这里面的关系。

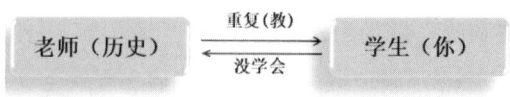

图4-3 例2的逻辑关系图

通过图4-3，我们就能发现，历史是老师，你是学生，如果你学不会，老师就会用重复的方式教你。综合以上关键字（词），我们发现这里讲的是（也是这些词汇的共同上位概念）——学习的事情。学习这个词在这个题的题干里是没有出现的，是需要我们用思维推导出来的，这个过程中可能要用到概括和抽象。所谓的概括就是概念上下位的移动，上文已经对此进行了细致的阐述，如门牙、犬齿、智齿……它们共同的上位概念是"牙齿"；而门牙、犬齿、智齿、口腔黏膜……它们共同的上位概念是"口腔"。得出牙齿和口腔这些结论的思考过程就叫概括。而抽象是指将事物的本质提取出来的思维活动，比如门牙、犬齿、智齿……它们的本质既可以是"骨头"，也可以是"器官"。事物的本质可以是很多层面的，就看我们需要抽象到哪个层面。我们回过头来看题干部分——历史是个好老师，如果你一次没学会，她会不断地重复，这里面的老师、学生、学不会、重复（教）……这些词汇的共同上位概念是什么？其实是学习，这也是这些概念的共同属性。一旦我们锁定了这些词汇的共同上位概念——学习，就能排除答案 A 和 B，因为这两个答案说的是历史，而不是学习。在我的教学中，很多同学会在 C 和 D 中犹豫，C 和 D 说的都是学习，我们还是用概括的方式来观察它们，C 说的是学习的过程；D 说的是学习的结果。我们再回头看题干，题干强调的是如果你学不会，历史就会反复地教你，目的是让你学会。所以，题干强调的是历史这个"老师"会一直教你直到你学会为止，是结果。所以，本题的正确选项是 D。

以上阅读的都是选择题，有四个选项供我们参考。实践中，我们都是从一堆文字中提取出自己想要的信息，并且必须忠于原文，不能杜撰和演绎，这就更加困难了。我再用一个我在课堂上经常用的阅读的例子让大家感受一下"忠于原文"提取主要内容并用一句话表达的难度，这对于绝大多数人来说都是一项不小的挑战。

【示范文字】

"近几年有一种议论,说下个世纪是亚洲太平洋世纪,好像这样的世纪就要到来。我不同意这个看法。"中国领导人邓小平在1988年向来访的印度总理拉吉夫·甘地表达了这一观点。三十多年后,邓小平证明了自己的先见之明。几十年来,亚洲取得了非凡的经济成就,如今是世界上经济增长最快的区域。在这十年内,亚洲经济体的规模将超越世界其他经济体的总和,这是自十九世纪以来从未出现过的情况。然而,即使到今天,邓小平的告诫依然让人警醒:亚洲世纪既非必然实现,也非命中注定。[1]

学生们读完这段文字,我让他们总结段落大意,一共形成了四种不同的总结:

---

[1] 这段文字节选自《危险的亚洲世纪:美中对抗的危害》,作者为新加坡总理李显龙,首发于2020年6月《外交》杂志。该段文字是该篇文章的篇首引言,独立完整,言简意赅,非常适合作为一个简短的范例。

第四章 法律思维对法律人的要求（2）：前提能力

A. 亚洲世纪已经到来
B. 亚洲世纪并非马上到来
C. 亚洲世纪没有到来
D. 亚洲世纪不是一定要到来

这个由217个字组成的自然段被提炼成四种不同的内容，课堂展示的时候，同学们也被各种不同的答案惊呆了，他们也没想到会有这么多不同的答案，而事实上这段文字如果需要提炼，只有唯一一个正确答案——亚洲世纪既非必然实现，也非命中注定。如果非要从学生总结的四个选项中选一个，D项是勉强可以接受的。

这样，我们就通过陈律师的例子向读者们示范了如何在客观真实中准确且忠于原文地提取主要内容。与此同时，我们还试图让读者明白，这个步骤其实是很难的，原因在于人们需要在具备六种思维技能——概括、抽象、分析、综合、比较、分类的情况下，才能在检索到的、纷繁复杂的"客观真实"中提炼出我们需要的内容。我们还举了一些阅读的小例子来说明人们准确提炼内容的能力是需要练习的，这是一个循序渐进的过程。但是，如果不具备准确提炼内容的能力，就无法保证我们最后形成的前提是"为真"的。

3. 剪裁形成断言

经过上文的介绍,我们已经将"形成准确前提"的三个步骤中的前两个——检索客观真实、准确提取内容介绍完毕,下面我们就进入剪裁形成断言的环节。所谓剪裁形成断言,是指经过前两个步骤,我们只能保证我们理解了客观真实是什么,但是在具体且不同的场合怎样适用客观真实并使之更加契合我们谈话、思考和解决问题的特定场合,这就需要将上文准确提取的内容进一步加工,修剪成符合当下所要解决问题的场景所要求的断言。此处,我们需要将上文检索的三个法律条文、两个案例以及经过提取的内容(如表4-10)剪裁成适合陈律师这个例子的断言。

表4-10 对法律规定的提取

客观真实	提炼内容
法律规定1	嫖娼要受到处罚,处罚手段包括拘留、罚款
法律规定2	嫖娼的对象如果是不满14周岁幼女的要受到刑法处罚,处罚的手段是有期徒刑和罚金
法律规定3	奸淫不满14周岁的幼女构成强奸罪并从重处罚

第四章 法律思维对法律人的要求（2）：前提能力

(续表)

客观真实	提炼内容
案例1	在2015年之前嫖娼对象是不满14周岁的幼女的,构成嫖宿幼女罪
案例2	在2015年之后嫖娼对象是不满14周岁的幼女的,构成强奸罪

我们先来看一下我们的任务，根据表4-11我们需要总结和提炼出陈律师的言论为什么引发这么大争议的前提，这个前提必须能推出结论——陈律师对嫖娼底线的理解是有问题的。那么，我们再回过头来看表4-10会发现，虽然我们对检索到的客观真实进行了提炼，但是提炼的内容只是对纷繁复杂的客观真实的直观、简化陈述，并不能直接被用在表4-11的前提中，我们需要将这些客观的、不带有立场、不针对任何特殊场景的"提炼内容"再一次剪裁，让它们变得能够跟手中的问题（此处是陈律师这个例子）严丝合缝地贴合起来。

表 4-11　分析建构论证中的前提

问题	结论	前提
陈律师的言论为什么引发了这么大的争议？	陈律师对嫖娼底线的理解是有问题的	？（断言）

于是，我们需要对表 4-10 中被提炼出来的五条信息进行重塑，让它们变得适合被填写在表 4-11 的前提一栏中。根据表 4-10 提炼出来的五条信息，我们可以判断出，嫖娼分成两种情况：一种是违法行为（嫖娼对象不是不满 14 周岁的幼女）；一种是犯罪行为（嫖娼对象是不满 14 周岁的幼女）。年龄（是 14 周岁并不是陈律师提及的 16 周岁）是区分一般违法和犯罪的界限，而不是区分是否违法的界限。就嫖娼而言，只要嫖了就违法，就触碰了底线，只不过嫖娼对象不满 14 周岁的，后果更严重。所以，陈律师对于嫖娼底线的认识是有问题的，只要嫖娼了就违法，就触碰底线，与嫖娼对象的年龄没有关系。

在将表 4-10 提炼出的五条信息解读完毕之后，我们就能得出如下两条断言：第一，法律没有对嫖娼对象的年龄进行限制性规定，嫖了就触碰底线；第二，陈律师认为嫖娼的底线是16周岁。我们必须将表4-10提炼出来的五条信息打磨成与陈律师这个场景相关的样式，陈律师这个场景的关键字是"底线"，并且为"嫖娼的底线"。所以，我们对表4-10的信息进行剪裁的时候也需要围绕"底线"和"嫖娼的底线"展开。这样，我们就将内容剪裁完毕，获得了能够填写在表4-11前提里的两条断言。接下来，我们把它们填写进去（表4-12）看看逻辑是不是严整。

表4-12 建构论证中的前提

问题	结论	小前提	大前提
陈律师的言论为什么引发了这么大的争议？	陈律师对嫖娼底线的理解是有问题的	陈律师认为嫖娼对象的底线年龄是16周岁	法律没有对嫖娼对象的年龄进行限制性规定，嫖了就触碰底线

或者我们把表4-12表述成演绎论证常见的模式，这样看着就更清晰了。

大前提：法律没有对嫖娼对象的年龄进行限制性规定，嫖了就触碰底线。

小前提：陈律师却认为嫖娼有年龄限制，16周岁是底线。

结论：陈律师对嫖娼底线的理解是有问题的。

这样，我们就完成了前提的提炼和表达的全过程，从步骤一——检索客观真实，到步骤二——准确提炼内容，再到步骤三——剪裁形成断言，最终使之前提炼的内容能够准确地适配手中要解决的问题这个特殊的场景。这个过程相当不容易，它特别考查人们的信息处理能力以及提炼、总结和表达能力，还需要有之前提及的六项思维技能。

本书用实际例子向读者揭示了一个正确的"大前提"是怎么形成的，它需要经过三个步骤——检索、提炼和剪裁。每一个步骤和环节都不容易，对读者来说都是挑战。作者也希望读者通过阅读本书了解原理，然后再在日常生活中勤于练习，不断强化自己形成正确前提的能力。

综上，我们就将法律思维中的大前提即法律部分是如何形成的介绍完毕，在这里还有两点需要注意：第一点需要注意的是，本部分采用的例子是一个关于法律案件的评论，并不是庭审案件，即我们只是围绕王振华案件的外围报道进行评论，并没有围绕该案庭审的事实和法律进行分析，这样做的理由如下：一是这个例子比较简单，好理解。二是这个例子涉及的前

第四章　法律思维对法律人的要求（2）：前提能力

提和庭审案件的前提在形成过程上并无差异。三是法律思维既体现在庭审案件中，也体现在与法律相关的其他事件中。我们不能认为法律思维只发生在与真实案件的庭审有关的场景下，这是对法律思维的片面理解（所以本书在第六章还会介绍生活中的法律思维）。四是本部分只是用一个简单的例子作原理介绍，本书在第五章还会围绕真实案件详细展开各部分、各步骤的具体操作过程，届时如果读者将本部分的原理代入相应案件的大前提（法律）梳理的过程中，会发现它们的处理手段是一样的。

第二点需要注意的是，本部分所举的例子中的大前提即法律部分并不存在异议，即这是一个常规案件（与法律有关的事件）的大前提整理，对于所涉及的法律并不存在争议，法律人只需要将法律规定检索、提取和加工剪裁成适合案件的断言即可。但是在疑难案件或者复杂案件中，案件的双方或多方对应当适用什么样的法律存有分歧，这时候法律人还要向法官证明其主张所依据的是什么法律，为什么适用这个法律，还要证明对方当事人主张适用的法律是不对的，即需要围绕应当适用于案件的法律到底是什么展开论证。

四、小前提断言的形成——事实

(一) 事实对于案件处理的重要性

小前提是由案件事实构成的，案件事实对于案件的处理具有非常重要的意义。吴世柱律师曾经在《像律师一样思考》这本书中指出："事实是适用法律的前提，若事实没有查明、没有得到确认，所有的法律只能躺在纸上睡觉，只有事实查明并得到确认，法律才和现实紧密地联系在一起，使法律具有生命，并展示她的公平、正义。"[①] 美国大法官米勒曾经说："在我的经验中，由九名法官组成的美国联邦最高法院在开会时，我惊奇地发现，这些法官经常很容易在法律问题上达成一致，同时，也经常在事实问题上意见不一。"[②]

吴世柱律师在其著作中反复强调："抽象的条文并不能对具体案件进行裁判，律师高效工作的能力，不在于背诵多少部法律条文，而在于复原案件事

[①] 吴世柱：《像律师一样思考》，中国法制出版社 2020 年版，第 45 页。

[②] 吴世柱：《像律师一样思考》，中国法制出版社 2020 年版，第 45 页。

第四章　法律思维对法律人的要求（2）：前提能力

实以及将这个复原的过程论证得清晰可信。""法律检索易如反掌，而复原事实则是任何法律结论的前提。"吴律师的意思是说，法律这个大前提在真实的案件处理中不那么重要，事实是非常重要的，事实不仅是法律得以适用的前提，有时候也决定着什么法律能够被适用。这个观点也对也不对，"对"是因为事实确实能发挥这样的作用，"不对"是因为吴律师及米勒大法官都是成熟的法律人，他们对法律及其在实践中的应用都了然于胸，他们的工作重点在于集中攻克每个案件的事实问题。但法学院的学生并不成熟，他们对法律的理解和适用都很陌生。

事实上，目前市面上所有关于"法律思维"或者"律师思维"的书都是由成熟的法律人撰写的，对于他们而言，法律（大前提）这部分都不是问题，所以他们的著作并不关注这个部分。但是本书写作面对的对象是——尚在法学院学习的"法律人"（法学生），厘清事实当然是他们需要攻克的问题，但是法律适用也是他们需要解决的问题。所以，本部分我们先用几个例子来说明事实在法律适用和案件解决中的重要性，但我们还是要从法学生的视角来讨论法律思维中的小前提是怎样形成的。对于成熟的法官或者律师来说，可能本书强调的法学生视角的小前提断言的形成和上文的大前提断言的形成都是比较简单的，但这是法学生必须面临的法律思维训练，也是本书写作的初衷。因此，本书能做的是，尽量关照到法律实务中真实案件的情况（成熟法律人视角），但还是把重点放在法学生（尚未成熟的法律人）应该关注的法律思维技能的训练上，这也是后续他们走到实际工作岗位，深入了解成熟法律人的实务操作技能的基础。

先来看几个案例，这些案例说明了对事实的界定能够决定法律适用。再次强调，这几个案例都发生在成熟的法律人身上，对法学生而言，他们对法律也得有一个学习的过程，不可能一下子就掌握法律及其适用，或者被认为在法律适用方面没问题。如果是那样，本书的大前提部分就多余了。事实上，本书的大前提部分不仅不是多余的，还是法学生必须掌握的。

案例1：钢铁厂征用案（1952年）

朝鲜战争期间，美国发生了钢铁厂的罢工事件，因钢铁是重要战备物资，杜鲁门总统想尽快解决问题。一开始他让资本家给工人涨工资，但资本家不同意，后来杜鲁门实在被逼无奈，就下令征用

第四章 法律思维对法律人的要求（2）：前提能力

钢铁厂将其收归国有。这样一来，钢铁厂的厂主自然就不干了，于是就把政府给告了。联邦最高法院判决的结果是杜鲁门总统败诉，而决定这个判决结果的关键就在于事实怎么定性。因为宪法里面并没有规定总统能不能征用钢铁厂，用什么规则来审理案件取决于上述事实怎么定性，这是典型的事实影响法律适用的情形。

从原告钢铁厂老板的角度来看，事情非常简单——杜鲁门总统侵犯了他们的财产权。但是对于大法官们来说，事情可没有那么简单，他们需要在特定的场景下考察上述案件事实的性质——总统的种种行为到底应该放在罢工的背景下来看，还是放在战争的背景下来看，这就成了他们争论的核心。这是美国历史上为数不多的九个大法官都发表了意见的案子，一些大法官认为这个事情的背景不是罢工和劳资关系，而是国家安全问题，他们认为，美国正在打朝鲜战争，两年之间美军已经牺牲了 10 万余人，如果这么理解总统就变成了国家的保卫者，征用钢铁厂也不算什么。而且众所周知，朝鲜战争是冷战的一部分，之前国会已经批准马歇尔计划授权总统打冷战，捍卫西方阵营的资源，所以杜鲁门总统的行为具有非比寻常的国家意义。而另一些大法官认为，这个事情的主要性质其实是劳资矛盾，劳动法并没有授权总统这么干，虽然总统有权解决重大的劳资矛盾，但是这个权力并不包括直接征用钢铁厂。大法官们争论的核心就是事实定性问题，到底是国家安全问题还是劳资冲突问题，答案直接决定了判决的结果。最终第二种观点获得了大多数法官的支持，法院最终宣判杜鲁门无权征用钢铁厂。所以，对事实的定性直接影响了法律的适用。同时，我们通过这起案件也能体会到杜威常说的那句话——事实在自己的脸上并不自带意义。[①] 即法律其实是在两种价值之间作选择，选择了哪个就将哪种价值赋予到事实的"脸上"。正所谓两害相权取其轻，两利相权取其重。

案例2：西红柿到底是蔬菜还是水果？

根据美国1883年进口商品的关税法案，蔬菜要征收关税，而水果不需要。约翰·尼克斯（John Nix）等人是做进口西红柿生意的，在进入海关的时候，他们将西红柿按照水果的品类进行标注，认

[①] 参见刘晗：《想点大事——法律是种思维方式》，上海交通大学出版社2020年版，第96页。

第四章 法律思维对法律人的要求（2）：前提能力

为西红柿不需要征收关税。但是纽约港海关税收员爱德华·L. 赫登（Edward L. Hedden）却不这么认为，他认为西红柿是蔬菜，进而对西红柿征收了税款。双方争执不下，1887年，约翰·尼克斯等人将爱德华·L. 赫登告上法庭，他们认为西红柿应当被归类为水果，要求被告返还被征收的税款。

为了审理该案，法官们查阅了若干字典来弄清楚水果和蔬菜的含义，并且邀请了植物学家来为西红柿"验明正身"，确定其究竟是蔬菜还是水果。最终，法官一致裁决西红柿是蔬菜而不是水果。尽管西红柿完美符合植物学中水果的定义，但是人们通常将其作为主菜，烹饪食用，而不是作为甜点。从大众观念和日常吃法角度来看，它还是更像蔬菜一点。最后，联邦最高法院的九位法官一致认为，从关税法的法律目的出发，西红柿应该被认为是蔬菜而不是水果。

这个案例向我们说明，对西红柿的定性最终决定了对其适用海关的什么征税规则，也是一个事实影响法律规则适用的例子。但是，随着农业技术的发展，这个发生于一百多年前的案例又遇到了新的挑战。农业科学家又生产出一种叫作"圣女果"的小西红柿,这种西红柿到底是蔬菜还是水果呢?

案例3:"黄碟案"

我们在上文讨论"黄碟案"是想说明隐性知识可能会改变对事件的定性,本部分继续用该案说明对案件中的"家""是否侵害他人利益"等事实的判断也会影响案件最终的法律适用。苏力教授并不认为张某夫妇当时是在"家中",而认为是在"屋内",该屋不但面朝村大路,而且警察透过窗户也能发现他们在屋内观看黄碟。同时,该房屋处于陕北相对偏僻的村里,现代工商社会形成的自由主义理论也应考虑农耕社区的社群特点,应当将事件的定性从最开始的警察和张某夫妇之间的纠纷转化为警察介入解决张某夫妇与邻居之间的纠纷。如果这样定性,势必会导致适用不同的法律规则。所以,"黄碟案"也是一个案件事实影响法律适用的例子。

(二) 事实的类型

1. 法学院教学案例中的事实 vs. 实践中真实案件的事实

本书写作针对的群体是法学院的学生,也包括那些不太成熟的法律人(譬如处于成长期),他们

第四章 法律思维对法律人的要求（2）：前提能力

没有太多法律实务经验，也不太了解法律思维的底层逻辑。因此，本书介绍的内容偏原理，使用的例子也很简单和便于理解。在介绍小前提断言的形成之前，我们先了解一下法学院教学案例中的事实与实践中真实案件的事实之间存在的区别。

为了增强还在大学学习阶段的法学生的法律思维，不少法学院也鼓励开展案例教学，甚至还有模拟法庭。与实践中真实案件不同的是，在课堂上和模拟法庭上使用的案件事实都是确定的，即事实都已经确定完毕，证据也没有分歧。这类案例教学①的前提是事实没争议，事实是给定的。这也是没办法的事情，法学院能拿到的案子基本都是定案，事实认定阶段已经结束。况且，法学院也不具备挖掘事实的能力（那是法律实务工作者才有能力做的事情）。所以，法学院的学生在训练中使用的都是案件事实没有争议的案例，他们的思维训练主要集中于如何提取、整合和剪裁这些事实（有证据支撑），使之最终与大前提相符，完成法律思维中

---

① 无论是课堂上使用的案例还是模拟法庭，在本书中被统称为案例教学。

最重要的环节——论证,进而达到证明己方观点成立的目的。

曾经有一个毕业之后到法院工作的学生给我反馈,她刚开始接手的一个案件竟然还有事实争议,尽管她在法学院的时候也知道二审法院可以"事实不清"为由发回重审,但是这个"事实不清"是她在法学院学习时从来没有遇到过的情况。还有一个情况也很有意思,我们学院每年都会组织校内模拟法庭比赛,合议庭由老师和当地法院的法官组成。法官们都很专业,我曾经参加过一组模拟法庭的现场庭审,"主审"法官围绕"事实"持续向选手发问,如"卖车款是以什么形式支付的?""支付使用的是POS机吗?""是哪家银行的信用卡?"这位法官非常专业,问的问题也很精到。但是模拟法庭的案件事实不仅是既定的,信息也缺乏且高度不清晰,因为它存在的教学意义仅是针对法学生非常粗浅的法律"感觉"(都不能称为思维)训练。所以,面对法官"专业且咄咄逼人"的询问,我们可怜的学生只能怯懦地说:"不知道,材料里没提……""庭审"结束之后的点评阶段,该位法官还反复强调事实的重要性。她说得当然对,但模拟

第四章 法律思维对法律人的要求（2）：前提能力

法庭和真实的法庭是不一样的，学生和真实的法律人也是不一样的，是存在差距的。然而，本书也没有能力弥合这种差距。作为一位有 20 年教龄的教师，只能尽量描述这种差异，让处在不同成长阶段、不同法律场景（实务或者理论、社会或者高校）的法律人知道彼此的状态和特征，更能彼此成就和互相助力成长。①

介绍这么多，笔者无非是想说，本书选取的"案例"在事实部分也是"既定"的，只不过笔者能尽量结合自己的理论和实务经验，指出课堂上使用的教学案例和真实案件的区别，尽量还原真实案件中事实部分的梳理过程。好在本书介绍的小前提梳理过程是偏原理的，即便力所不逮，无法还原所有真实案件中的事实整理的实操部分，法学生也可

---

① 请原谅笔者用了"彼此成就和互相助力成长"这样的描述，有些人可能认为法官不可能从学生身上获得成就和成长。从笔者的角度来看，法官在法律业务上非常专业，他们的工作也是法律人才培养的重要环节，但是要想真正将他们的法律经验转移到学生身上，他们也需要了解学生。在一个模拟法庭的场景下追问和打磨案件没有给出的事实（法官事前也收到了案件材料，法官了解案情）是没有意义的，况且高校教师愿意相信教学相长这样的说法，所以"彼此成就"和"互相助力"这种说法也不算过分。

以带着"本书梳理的原理"在日后的实践中慢慢体会和感悟。

2. 自然事实 vs. 法律事实

自然事实是指案件的最真实的情况，即真实原委；法律事实是在法律上被认可的案件的"真实"情况，主要是指有证据支撑的自然事实或者被允许进入法律程序的事实。为什么要区分这两种事实类型，主要原因如下：

（1）法律处理的是法律认定的事实即法律事实，不是自然事实。法律事实有可能是自然事实，但法律事实更多的情况下是与自然事实有出入的。举个例子，乙因生活困难向甲借款 2 万元，约定于 2020 年 12 月 1 日偿还。由于甲、乙关系比较密切，甲并未要求乙写欠条。但是债务到期后，甲多次要求乙偿还借款，乙均拒绝并否认曾经向甲借过钱。甲一气之下，将乙告上了法庭。由于甲并不能提供借条，法庭判甲败诉。甲心生怨恨大闹法庭，并一直声称法律不保护受害者。在这起案件中，我们能看到典型的自然事实和法律事实之间的冲突。法律是要保护利益，但这种保护必须建立在一定的、有证据支撑的事实的基础之上，如果没有

第四章 法律思维对法律人的要求（2）：前提能力

证据，即便真实的情况是甲借给了乙 2 万元，只要乙不承认，甲就会由于缺乏证据无法被法律支持和保护。更何况，法律并不知道甲和乙到底是谁撒了谎，这对法律来讲太难了。你有可能会觉得这种规定对当事人不公平，但你有没有想过法律是无法深入当事人的日常生活去探查自然事实到底是什么的，这样做会导致司法系统运行的成本非常高昂而且也是根本无法实现的。此外，寻求法律保护的当事人也有相应的义务，即证明自己的主张是成立的。我们的法律不会保护怠于行使自己的权利和疏于保护自己利益的当事人，一句话，法律不保护"巨婴"。在法治社会，人人都是保护自己权益的第一道防线，然后才能在后续的法律程序中占据主动地位。对自然事实和法律事实之间的差别的认识是区分一个人是否具有法律思维的常用的判断标准。

（2）法律人的工作都是围绕法律事实展开的。实践中，自然事实（即案件的真实原委）有可能真的只有当事人才知道，但是当当事人各方各执一词的时候，局外人（包含代理律师）可能也无法得知自然事实，尽管每个当事人可能都主张自己说的是真实的，但没有证据支撑的事实在法律上是没有意义的。

尤其是在刑事案件中，可能有的当事人已经遇害了，也不能死而复生向我们传递案件的自然事实，所以这时候才会涉及警察破案，通过证据或其他手段还原事实。至于能还原多少，要看每个案件的具体情况。所以，法律人可以追求自然事实，但要尊重法律是围绕法律事实——那些能够被证据证明的"自然事实"展开的这一原则。如果没有证据支撑，无论自然事实是什么样的，法律也只能表示"遗憾"。所以，法律人要尽量用证据或法律允许的手段[①]还原自然事实，使其变成具有法律意义的事实。如果是实在无法用证据证明的自然事实，法律人要知道这种事实得不到法庭的支持是正常的。

3. 当事人陈述的事实 vs. 证据证明的事实 vs. 律师建构的事实 vs. 对方建构的事实 vs. 定案事实

本部分继续区分几种事实类型，目的也是帮助初出茅庐的法律人了解事实在不同阶段会呈现的样子，以及案件最终被盖棺定论所依据的事实是什么样的。

---

① 如"推定"，有时候在证据不足的情况下，也可以用证据之间的关联去合理地推定，但无论什么事实都得法庭最终采纳才能变成定案事实。

第四章　法律思维对法律人的要求（2）：前提能力

（1）当事人陈述的事实

我们先来看当事人陈述的事实，当事人陈述是一种我们获取事实最为简单的方式，我们只需要听当事人讲他的遭遇就可以获得很多信息。但是要注意一点，当事人陈述的"事实"是要打引号的，即他陈述的只是他认为的事实，可能既不是自然事实，更不是法律事实。所以，法律人要注意识别。

举个例子，我曾经办理过几起离婚案件，当事人（女方）最开始都是情绪特别激动，恨不得从20世纪80年代（她与配偶认识的时候）向我们（我和我的助理）描述案情，洋洋洒洒，甚至有时候还泪洒接待室跟我们讲上好几天。办理离婚案件有时候特别简单，需要锁定的信息就是三大类：①是否真的要离（有些人只是口头上说一说）；②财产状况（区分婚前婚后财产以及房屋贷款、首付等比较复杂的情况）；③孩子情况（有无子女以及确定抚养权的归属）。但是没办法，当事人陷在情绪里，律师只能一直听着并见缝插针地引导当事人的思路。而且，有经验的律师会发现，当事人第一天说的内容有可能第二天就被自己给否定掉了，前后还有自相矛盾的情况。这是因为当事人在陈述的时候不仅包含感情，说了一大堆跟案件其实没有什么关系的信息，还会有虚构、主观臆断、想象等情况（还记得上文断言部分介绍的"事实"和"虚构"吗?），这是因为大脑会出于保护自己产生一些"策略"，这些策略能让当事人更好地"包装"自己，甚至给自己打造"弱小可怜"的受害者人设。还记得我们在上文介绍断言相关知识的时候说过，正确理解断言要区分事实和观点、事实和虚构。法律人在会见当事人的时候会发现当事人经常会"撒谎"，他们常常分不清哪些是事实，哪些是虚构，哪些是他的观点。有经验的法律人对当事人陈述都是边听边筛选，遇到关键信息会记录和引导。当事人的陈述只是法律人了解案情的入门级方式，最终从当事人的陈述中能获得多少有用的信息即具有法律意义的事实，还要看后续的证据和律师对事实的构建。[1]

总之，当事人陈述的事实在法律程序中具有非常重要的意义，它是法律人了解案情的重要手段。

---

[1] 《最高人民法院关于民事诉讼证据的若干规定》（2008）第76条规定："当事人对自己的主张，只有本人陈述而不能提出其他相关证据的，其主张不予支持。但对方当事人认可的除外。"《民事诉讼法》第78条第1款规定："人民法院对当事人的陈述，应当结合本案的其他证据，审查确定能否作为认定事实的依据。"

第四章 法律思维对法律人的要求（2）：前提能力

一方面，由于当事人与案件结果有直接的利害关系，也是案件事实的直接参与人，切身感知案件的信息较多，也是最了解案件实际情况的人。所以，法律人要特别重视当事人陈述的事实。另一方面，正是由于当事人自身与案件有着最为直接的利害关系，他们的陈述不可避免地带有片面性、倾向性，可能夸大对自己有利的事实，还有可能缩小对自己不利的事实，甚至有可能提供虚假的陈述。同时，当事人可能自身的表达能力、记忆能力和感知能力都有局限性，即便他们愿意"如实相告"，也未必能达到"如实"的效果。所以，当事人陈述的事实虽然重要，但通常缺乏可靠性。

（2）证据证明的事实

证据证明的事实是指有关案件的事实有相应的证据证明，即这部分事实有证据支撑，这样的事实是被法律认可的事实，可以进一步在司法程序中发挥作用。证据这部分比较复杂，涉及举证责任和证明标准，请读者结合证据规则深入理解这部分内容。

（3）律师建构的事实

通常当事人会委托律师帮忙处理案件，从原告方的角度来看，律师会将当事人陈述的事实、有证据证明的事实结合当事人的诉求进行整合，最终形成一定的法律文书，如起诉状、证据目录等。在这些文件中，律师会将当事人陈述的事实和提供的证据结合法律规定进行编排和呈现。律师建构的事实一方面强调其是对当事人陈述的事实、证据证明的事实的一种要素化的加工和整合；另一方面强调其具备整体性和完备性。律师建构的事实一定要形成闭环并使当事人利益最大化，律师建构的事实有的可能有证据支撑，有的可能证据不太充足，但是律师要通过已知的事实使之尽可能在逻辑上成立。总之，律师建构的事实是根据当事人的诉求，整合各方面的证据，最大限度维护当事人利益的，是能够形成闭环的事实集合体。它可能跟自然事实有出入，但是却是律师在现有证据条件下能为当事人"编织"的最好的"事实"（故事）。

实践中，律师和律师的不同也体现在对现有证据的加工和处理上，即用证据讲好当事人的故事的能力。不同的律师哪怕掌握的证据是一样的，但是由于专业能力、个人素质不一样，他们整合证据建构案件事实的能力也不一样，最终能在法庭上为当事人争取的利益也不一样。

第四章　法律思维对法律人的要求（2）：前提能力

（4）对方建构的事实

法律案件至少都会有两方当事人，原告方代理律师的职责之一就是在既有证据的基础上建构事实，帮助当事人实现诉求。对方当事人及其代理律师也有这样的职责。所以，在事实类型上除了原告代理律师建构的事实，还有对方建构的事实。也许有人会说，这两个类型是一样的，只不过发生在不同的当事人身上。其实不然！

一方面，在实践中会出现双方都无法呈现自然事实的情况，双方掌握的证据是不一样的，也就是说原告方及其律师建构的事实是建立在原告方提供的证据和律师后续获取的证据基础上的。但是对方及其律师手中也可能有相反的证据或者对原告方不利的证据，他们依据自己的证据可以建构出另一套"事实"。从这个角度上讲，一个优秀的法律人不仅要从自己所代理的当事人的角度建构事实，还要充分考虑对方可能建构的事实有什么，这样才能百战不殆。

另一方面，哪怕双方掌握的证据是一样的，每个人对证据信息的挖掘和整合能力是不一样的，这在客观上也会造成对方建构的事实和己方有出入。庭审是双方对证据数量、质量以及对证据信息理解的一场较量，律师要尽可能在开庭之前将对方手中的牌都看清，才能在开庭时为当事人争取最大的利益。

比如，我曾经代理过一起劳动纠纷，经过劳动仲裁，对方当事人不服，提交法院进一步审理。在庭审过程中，双方手中都有劳动者的出勤记录，其中包含几次劳动者旷工的记录（有的是几年前发生的），这是双方当事人都知道的。我方（用人单位）主张劳动者已经多次出现旷工情形，不得已才将其辞退。对方律师对着同样一份有旷工情形的出勤记录说，为什么当事人几年前有旷工记录你没说什么，现在有旷工记录你就要辞退，你这记录出勤的机器有问题吧。对方当事人就在这样的推理基础上主张这份旷工记录有问题。我方对这个突发情况临时指出，之前（几年前）面对劳动者出现旷工情况没有主张权利是想再给劳动者一次机会，没想到现在他会变本加厉，不得已才解除劳动关系。你看，就是这样一份大家都有的出勤记录，劳动者没有说什么，其代理律师却故意指着其中的一个细节发难。最终，法官也没有接受他们的质疑。

（5）定案事实

无论当事人及其代理人提出了怎样的事实，这

第四章 法律思维对法律人的要求（2）：前提能力

些事实都要经过法庭辩论、得到法庭确认，最终被写入判决书的事实才被称为定案事实。也就是说，双方当事人可能都"自认为"建构了非常完整和严密的事实体系，但是在法庭上还是有可能只有一部分获得法院支持，最终被写入判决书，这种事实被称为定案事实。优秀的法律人建构的事实会尽可能地接近定案事实，这是法律人能力的体现。也许你会说，既然所有的事实，无论是己方建构的还是对方建构的事实都要经过法庭最终的认可转化成定案事实，那么是不是法律人（律师）就不用那么努力地自己建构事实了呢？交给法官不行吗？反正都是法官最终说了算。

这样做还真不行，我们不能把法官当成一个单纯的主宰者（尽管在庭审中是这样），法官工作很忙，面对的案件也很多，并且法官处于中立地位。他更希望看到律师已经分析和整理好的案件事实，即律师要把法官当成一个争取的对象，让自己分析和整理的事实最大可能获得法官的认可。从这个角度来看，律师的工作是非常有价值的。

区分这么多事实的类型就是为了让我们的法学生认识到，"事实"在实践中甚至在不同的阶段都有不同的表现形式和要求。但是，以上的区分都是在实务案件中才会发生的，在法学院的案例教学中有时候很难展现得这么淋漓尽致。对于法学生而言，了解法律实务的一些情况是必要的，但更重要的是了解事实是怎样变成小前提的，小前提又是怎样跟上文所提及的大前提——对应并最终证明结论是成立的。所以，接下来本书还是将重点转回到介绍小前提断言是怎样形成的轨道上来。

(三) 法学生需要具备的小前提能力

在正式介绍小前提断言形成之前，我们有几点需要强调一下：第一，其实小前提和大前提的整理过程是相似的，只不过一个针对法律进行整理，一个针对事实进行整理。第二，小前提整理的最终目的是要与上文的大前提断言形成一一对应的关系并最终共同证明结论的成立。第三，小前提断言形成的过程，在语言和逻辑处理上与大前提是一样的，都需要运用上文在大前提部分提及的"准确提炼内容"① 需要的六项思维技能，包括：①概括；

---

① 只不过此处提炼的是事实内容，上文提炼的是法律内容，但从文字和阅读的角度来说没有差别。

②抽象；③分析；④综合；⑤比较；⑥分类。第四，小前提最终也要形成断言，也需要经历像上文大前提部分的"剪裁形成断言"的过程，只不过本部分涉及的是剪裁事实内容，上文大前提部分涉及的是剪裁法律内容。为了避免重复，本书在上文提及的"准确提炼内容""剪裁形成断言"的相关内容就不再重复介绍了。本部分根据实践中的证据整理和展现方式来组织小前提部分的内容。

1. 深刻理解案情和挖掘案件信息

我们在上文已经提及，自然事实和法律事实存在区别，法律处理的是法律事实而非自然事实。但是，作为法律人，我们要尽量还原自然事实，即帮助当事人尽量还原更多的自然事实，这样做是为了尽可能地还原案件真相，也能更好地实现当事人的诉求。

要想做到尽可能还原案件的自然事实，我们就需要掌握大量的案件信息。案件信息这个事情很有意思，不同的法律人在接收同样的案件信息（无论是当事人陈述传递的信息，还是证据传递的信息）的时候能抓取的内容是不同的，关注到的点也是不同的，这就造成法律人对案件事实的个性化理解（哪怕都是法律人，理解也不一样）。但是法律人对案件事实的理解又是至关重要的，因为法律人负责将他理解和建构的案件事实在法庭上向法官展示。而挖掘和理解案件事实又避免不了使用上文提及的"准确提炼内容"需要的六项思维技能。有时候，法律人只有在深刻理解了案情之后，才有可能发掘一些别人注意不到的证据。这就是为什么本部分将深刻理解案情和挖掘证据信息两个部分放在一起。有的证据信息是很容易获取的，但是由于法律人对案情的理解不到位而忽略了这是一份至关重要的证据。所以说，案情和证据是交织在一起的，不是彼此独立的。证据最终能呈现的数量、质量、结构和逻辑取决于法律人对案情的理解。我们用两个例子来说明不同的法律人对案件的理解程度是不一样的，这种对案情理解的不同导致证据最终也是不同的。

第一个例子是我们在上文提及的"黄碟案"，在这个案件中，处理案件的民警以及后来对此发表意见的媒体、法律学者都没有注意到该案件的事发地点是陕西一个接近农村的地区，案件当事人张某相对于附近的村民而言是接受过医学教育的人，并从事经营诊所这种商业活动，客观上造成了张某内在的商业思想体系与村民的纯粹农耕文明意识形态方面的不同。这一点被苏力教授敏感发掘,并结合对自由主义的全面阐释(自由不仅包括不受限制地行为,还包括对自由的限制,以及理解自由需要理解其社群基础),他指出该起案件的定性是错误的,它根本就不是警民冲突,而是警察介入村民和村民之间的冲突。而引发这种冲突的深层次根源是工商文明代表的自由主义和农耕文明代表的保守主义发生的碰撞,考虑到当地的自然条件、人文条件,这起案件不能完全等同于发生在中国东部发达地区的个人隐私案件,而是要充分考虑到社群以及当地的人文环境。更何况,张某夫妇观影的地点本身也相对暴露,并不是绝对地在"家中",而是在面向村大路的、有很大窗户便于向内观望的诊所"屋内"。

苏力教授认为,"黄碟案"之所以会以现在的结局收场——警方向当事人赔礼道歉;有关部门一次性补偿当事人 29137 元(医疗费、误工费等);对事件有关责任人作出相应处理,这完全是舆论的胜利,而非法律的胜利。从上文"黄碟案"可以看出,苏力教授在案情挖掘上与办案的民警、舆论的引导者都是不一样的。本书无意评价孰是孰非,只是想说明不同的人对案情的理解不同,可能会导致最终收集到的证据不同，案件最终的结果不同。这也是为什么上文会将律师最终在法庭上呈现的事实称为——建构事实，这是律师的主观能动性和个人专业素养共同作用的结果。

第二个例子是一个发生在古代的法律小故事。周生与赵三决定到南京经商，两人约定次日乘船前往。赵三为人敦厚守时，天刚蒙蒙亮便与爱妻告别登船，在等待周生到来时不知不觉睡着了。船夫张潮见财起意，趁赵三睡着之际，将船撑到偏僻的地方把赵三溺死，取得赵三的财物。后来周生赶到，迟迟等不来赵三，而张潮谎称赵三没来。于是周生便让张潮前往赵三家催促。张潮到赵家后，在门外喊："三娘子，赵三为何迟迟没有上船？"赵三妻子大惊，说："赵三怕周生久等，早就走了啊！"于是周生与赵三妻子遍寻赵三不见，只好报官，说赵三失踪。一审县官办了冤案，认为是周生与三娘子串通将赵三杀害。案件最后被移送到大理寺杨评事手中后，杨评事发现了一个细节，张潮到赵家后在门外直接喊："三娘子，赵三为何迟迟没有上船？"这是违背常理的，他没有直接呼喊赵三，而是敲门直接喊"三娘子"，可见其早知道赵三不在家中。

第四章　法律思维对法律人的要求（2）：前提能力

你看，这就是一审县官和大理寺杨评事对案件信息挖掘的不同而导致的案件真相呈现得不同，最终案件的结果也是不同的。

类似的案件有很多，法律人一定要反复研究案情，从案件中不断挖掘信息，信息越多，证据也就越丰富，能够还原的自然事实也就越多。案情信息的来源可以是当事人的陈述、证据证明、走访调查、查卷阅卷等，法律人在实际工作中对于案情的深入挖掘需要付出很多艰苦的努力。

2. 对证据进行整理、分类与评估（制作证据目录）

法律人一旦介入案情就会接触到相应的证据，我们在上文已经提及，自然事实和法律事实是不一样的，法律事实永远没有办法100%还原自然事实，只能是依据证据呈现的法律事实进行判断。所以，一方面要尽量搜集证据，另一方面随着案情梳理的不断深入，法律人还要对获得的证据进行整理、分类和评估。

无论是对于法律实务工作者还是法学院的学生，搜集整理相关证据都是必经的工作程序，这是法律人建构事实的基础。区别在于法律实务工作者可能需要通过艰苦卓绝的努力一遍一遍地搜集证据，尚在大学学习的法学生面临的案件①证据都是既定的，即使没有证据，给定的案情也都是可以确信的，都可以被认为是被证据证明过的、没有异议的。接下来就需要对这些"证据"进行整理。

证据的整理就是按照一定的顺序和标准对证据进行排序，其实证据在法律人手中会经过两个阶段的整理，第一阶段的整理是本部分要介绍的以尽可能还原案件事实为目的、以案件发生的经过为主线对证据进行的整理。第二阶段的整理则是下文所要提及的要素化和制作证据目录，它的目的是让事实变成小前提与大前提形成一一对应的关系。下面我们来看第一阶段的整理。

刚接手一个案件，法律人（尤其是法学生）对案件的认识还是表面化的，虽然有当事人的诉求（通常最后转化成诉讼请求），但是也有可能会发生案情和当事人的诉求对不上的情况。所以，对于案

---

① 尤其是模拟法庭案件，无论是国际赛事如"杰赛普"，国内赛事如"理律杯"，都是先公布案件，公布的案件有一些证据，但更多的是案情本身都是没有异议的，你可以随便拿出一段案情当成证据。这些模拟法庭或者比赛选出来作为案例教学的案件，是天然地阉割了法律案件丰富的案情，舍去了繁杂的获取过程，是简单化了的案件事实。

第四章　法律思维对法律人的要求（2）：前提能力

件及其证据，法律人还是要在参考当事人诉求的基础上独立进行判断。此时对案情进行整理的最好主线就是时间线索。所谓时间线索是指按照事件发生的前后顺序将案情还原，然后再将手中的证据按照案情发生的前后顺序嵌入其中，来考察哪一部分自然事实是有证据支撑的，还需要补充哪些证据。这一轮操作下来，法律人可能就会对手中的案情和证据做到心中大致有数，会判断出这个案件是一个什么案件，证据好还是不好（即充不充分，能不能支撑当事人的诉求）。律师在这个环节通常会判断自己要不要接手这个案件，因为如果证据不足，这个案件最后还是要输掉的，还不如在最开始就放弃。或者，律师也可以明确告知当事人还缺哪方面的证据，如果能补充上还是可以考虑进入诉讼程序的。

在按照时间顺序对证据进行初步整理之后，法律人还可以按照证据的性质对证据进行分类，根据刑事诉讼证据规则，证据包括：①物证；②书证；③证人证言；④被害人陈述；⑤犯罪嫌疑人、被告人供述和辩解；⑥鉴定意见；⑦勘验、检查、辨认、侦查实验等笔录;⑧视听资料、电子数据。① 法律人要根据自己之前学习的证据法知识对手头案件的证据进行分类,并对每种证据在法律实践中的地位做到心中有数。

在将证据按照时间和性质整理完毕之后,法律人恐怕还要对手中证据的性质、真实性、合法性和关联性进行分类和评估。不同类型的证据的证明力度是不一样的,法律人要对手中证据的类型和证据的证明力做到心中有数,有经验的律师还会给每份证据编号(这对复杂案件来讲几乎是必需的)。此外,法律人对于每一份证据的合法性、真实性和关联性也要进行考察,毕竟这些都是举证、质证环节的重要内容。

本部分还有一个特别重要的环节就是制作证据目录,证据目录一方面是我们对证据进行整理的阶段性成果,另一方面也是需要向法庭提交的文件。

---

① 这是刑事诉讼的证据种类,民事诉讼的证据包括:①当事人的陈述;②书证;③物证;④视听资料;⑤电子数据;⑥证人证言;⑦鉴定意见;⑧勘验笔录。行政诉讼的证据包括:①书证;②物证;③视听资料;④电子数据;⑤证人证言;⑥当事人的陈述;⑦鉴定意见;⑧勘验笔录、现场笔录。

第四章 法律思维对法律人的要求（2）：前提能力

未来的举证、质证环节都要用到它。我们先简单介绍一下证据目录制作的内容和要求（如表4-13），然后在实操部分会以真实案件为例展示证据目录的详细内容。注意，这只是一份非常简单的证据目录，如果涉及的案件非常复杂，证据还会被分成若干组。本书面向的主要是法学院的学生，我们仅介绍证据目录的基本内容。

表4-13 （原告或被告）证据目录①

编号	证据名称	证据种类	证据来源	是否原件	证明事项	页数
1	微信转账截图2张	电子证据	原告	是	证明甲方通过微信转账的方式出借给乙方1000元，出借日期为2024年1月25日	1-2
2	《欠据》1份	书证	原告	是	证明乙方向甲方借入资金20000元，借款日期为2020年12月1日，乙方承诺还款日期为2022年12月1日	3

---

① 实践中，证据目录分原告证据目录和被告证据目录，在本书所举的例子中，明显是一个原告证据目录，因为民间借贷纠纷案件中，通常被告提供的证据相对较少，原告提供的证据相对较多。

(续表)

编号	证据名称	证据种类	证据来源	是否原件	证明事项	页数
3	银行转账凭证2份	书证	×××银行××支行	是	证明甲、乙双方确有资金往来，一共三笔，分别是……	4-5
4	监控录像1份	视听资料	××物业公司	是	证明乙方于×年×月×日确实到甲方住所来找过甲方	6
5	……					
6	……					
7	……					

经过第二步，我们可以认为，法律人对案情和证据的初步整理已经结束，之所以是初步整理，是因为这个步骤还是对案情和证据本身的加工，并没有正式将这些内容纳入法律思维的框架体系中。这一步有点像上文大前提中提及的准确提炼案件事实和证据本身的内容。下一步，我们要将这些内容放入法律思维里（将其变成小前提①）。

---

① 注意本书的措辞，案件事实(多种类型)、证据和小前提可能最终指代的都是案件事实，但是这几个词的定义是不同的，案件事实是需要通过证据呈现的，证据最终也会变成小前提，（转下页）

第四章　法律思维对法律人的要求（2）：前提能力

3. 将证据要素化且与大前提一一对应最终形成论证关系

细心的读者可能已经看出来了，我们前两个步骤都在介绍案情和证据本身的内容，接下来，我们要将之前已经提取整理完毕的证据要素化，也就是将其装进法律关系的"小前提"里，或者变成小前提的断言。

我们还用上文张三的例子来说明案件事实——证据——要素化的过程。张三出生于1998年3月，与同村的李四是邻居，两人长期因为自家耕地的边界发生纠纷。2021年3月，张三认为李四再次侵占了自家的耕地，于是与李四发生口角，在激愤中抄起放在田间的镐头，朝李四头部猛砸了十几下，李四头部顿时鲜血直流，当场毙命。经过现场勘查和一系列的调查取证，警察提供了包含张三个人信息在内的若干项证据：

①张三的身份证及相关信息
②物证——镐头

（接上页）但是小前提是与大前提对应的词汇，只可能发生在法律思维这样的语境中。一旦案件事实以小前提的方式提及，那就意味着它要与大前提相提并论甚至是汇合了。

③人证——围观村民甲

④李四的尸检报告，该报告详细记载了李四伤口的状态和致死原因

以上是案情和证据，即我们在上一个步骤应该完成的内容，本部分应当将这些证据要素化。要素化就是按照所属大前提的要求对小前提（证据）进行归类，从案件实际情况来看，张三大概率会因涉嫌故意杀人罪被提起公诉，相应的，证据材料就应该按照故意杀人罪的大前提（构成要件，也即要素）被整理出来。上文已经提及，故意杀人罪的要素有四个——主体要件、主观方面、客观方面和客体要件。我们将小前提补充进大前提的四个要件中，进而完成小前提的要素化，如表4-14。

这样，我们就完成了对证据的再一次整理——要素化。案件处理到这里，法律人已经完整地了解了案情，并将能够搜集到的证据按照案件发生的时间线索和证据性质本身进行了整理和分类，然后再根据案件所涉及的大前提进一步对证据进行要素化的分类，最终使证据代表的小前提能与上文整理好的大前提一一对应，完成了法律思维最重要的一环——论证。

第四章 法律思维对法律人的要求（2）：前提能力

表4-14 张三构成故意杀人罪中的小前提要素化

问题	大前提（构成要件）	小前提（证据）	（每个要件的）结论	最终结论
张三构成故意杀人罪吗？	主体要件：达到刑事责任年龄，具备刑事责任能力	1.张三身份证表明其出生于1998年3月1日	1.年满16周岁 2.张三符合故意杀人罪主体要件	张三构成故意杀人罪
	主观要件：直接故意是指明知自己的行为会产生致他人死亡的危害结果，并且希望这种结果的发生	1.使用镐头作为工具 2.向李四头部猛砸过去	1.农民出身的张三明知道被镐头砸头（十余次）会有生命危险，且追求这种危险结果的发生 2.张三主观上具有直接故意	
	客观要件：实施了剥夺他人生命的行为，行为的危害行为与被害人死亡的结果之间必须具有因果关系	1.张三向李四头部实施了打砸的行为 2.李四当场死亡及尸检报告 3.镐头上有李四的血迹 4.村民甲的证人证言	张三实施了杀害李四的行为	
	客体要件：故意杀人罪侵犯的客体是他人的生命权	1.李四的尸检报告 2.现场勘验报告	1.李四已经死亡 2.李四的生命权被侵害	

225

截至现在，本书用了两章(第三章和第四章)的内容向读者(主要是在法学院学习的法学生)说明了法律思维对法律人的两项非常重要的要求，其一是论证；其二是结合案情形成大小前提的能力。这两项能力也与本书在第一章提到的法律思维的本质以及在第二章提到的法律思维的原理是一脉相承的。由于我们目前的法学教育并不太强调逻辑和论证，因此在第三章笔者花了大量的笔墨介绍了有关论证宏观和微观方面的知识，希望能够补足现行教育中逻辑教育的缺失。在论证模块中，笔者尤其强调分析论证和评论论证，这可是法律人的看家本领。这两项技能贯穿法律人工作的始终，这一点笔者会在实践部分通过法律思维的实操反复向读者展示。

在本书的第四章，笔者花了大量的笔墨介绍大前提和小前提的形成过程。由于前提本身也是具有丰富内涵的知识体系，因此，笔者先介绍了前提的表现形式、前提的构成等基本内容。然后在这个基础上介绍了大前提的断言是怎样一步一步形成的，小前提的断言是怎样一步一步形成的。在这部分，读者一定能感受到，作为法律思维的大小前提

第四章 法律思维对法律人的要求（2）：前提能力

与案情处理之间的复杂而微妙的关系。但更重要的是，我们会发现，法律思维虽然考察的是法律人运用法律知识解决法律问题的能力，但是任何能力的底层基础都是对语言文字的理解能力（我们可以简单地理解成阅读理解）。没有文字阅读、理解、抓取、输出能力，想要整理出符合案件（法律思维）要求的大小前提是不可能的。所以，笔者向读者介绍了怎样准确提炼内容，怎样剪裁形成断言，这对于大小前提都是适用的。

同样，本书的写作对象虽然是法学院的学生，但是他们最终要成长为叱咤法律实务战场的法律人。所以，笔者在向法学生介绍必须掌握的法律思维技能（成熟的法律人可能觉得简单）的同时，也没忘记将他们拉出课堂，走出模拟案件，观察真实案件的处理过程。然后再走回课堂，手把手教法学生怎么挖掘案件事实、梳理证据，怎样对证据进行分类和评估、制作证据目录，怎样最终提炼出小前提并使之与大前提结合起来做到一一对应，从而证明结论的成立。结论成立了，我们面对的法律问题就被解决了。这就形成了一个完美且完整的闭环。

写到这里,本书的理论部分就结束了。但是需要指出的是,本处结束的只是法律思维的理论部分,法律实务工作还有很多,但好在后续的一些实务工作都建立在我们已经完成了法律思维理论工作的基础之上。我们从表4-14中可以明确地看出,通过努力,法律人已经将问题、结论以及大小前提整理完毕,这是处理一个案件最为核心的部分,也是法律思维全部要素的体现。后续,法律人还要围绕表4-14继续开展代理词的写作、应诉、参加庭审、举证质证等工作,庭审结束后还要关注法院作出的判决,如果判决不符合自己的预期可能还要展开二审的工作。如果案情又发生了新的变化,比如出现了影响案件结果的新证据,法律人还要重新构思自己的法律思维框架,形成类似表4-14的表格。

但无论如何,我们发现后续的所有工作都建立在我们前期的思考基础之上。只要我们对案件的分析已经达到表4-14的程度,我们的思考过程就已经暂告一段落,后续的工作只不过是以各种形式和载体来呈现我们的思考过程和法律思维的

第四章 法律思维对法律人的要求（2）：前提能力

各要素。① 所以，即便本书停在了这里，不继续推进后续的一些流程性的工作，或者对法律思维的各种形式的展现比如代理词、法律意见书等，也不会影响我们对法律思维的理解。

---

① 细心的读者已经发现了，我们这里将"思维"和"思考"两个词混合使用，在这里，还需要交代一下它们的关系。思维和思考的英文都是"thinking"，它们指向的都是大脑的活动，但还有一点差别，具体表现在"思考"强调大脑对问题的宏观反应，强调整体性，强调与大脑不思考的时候的状态对比。这里涉及大脑运作的一些生理规律，人的大脑占整个人体重量的比重只有大约2%，大脑运行起来消耗的能量却占到人体总能量的20%，所以思考是很累的。大脑节省能量的方法就是把一些行为习惯化，通过下意识来解决，这样就不会占用太多大脑的资源。但是在一些特殊场合（比如遇到问题的时候），没有办法通过习惯解决，就需要调动大脑的资源，启动思考程序。而"思维"更强调在思考的过程中大脑是怎样运作的，要素是怎样的，相互的关系是怎样的。在思维的各种要素中，前提和结论之间的关系就是论证。你其实不必了解它们之间这么细微的差别，如果非要弄清楚它们的不同，可以这样记忆——思考是一个统称，描述的是大脑运作的状态，主要与大脑休息的状态或者不思考的状态形成一个对比，用来强调大脑面临一个问题时与休息时不同的状态。而思维则是大脑在思考时遵循的一些规律和原则，它有具体的要素，要素之间会互动并相互发生关系。思维相对于思考而言更为细化，是微观层面的东西。思维有好的思维和不好的思维、质量高的思维和质量不怎么高的思维，思维的品质直接决定思考的质量。所以，虽然都在思考，但那些不遵循正确思维规律去思考的人还不如不思考，也可以说是在胡乱思考。法律思维是一种高质量的、正确的思维，是批判性思维在法学领域的表现。

最后,再次强调,一个优秀的法律人不仅要掌握法律知识,还要学会用法律知识解决问题(即法律思维)。用法律知识解决问题可不是说说而已,它需要法律人切实地知道法律思维是什么,法律思维运行的原理是什么①,还要知道法律思维对法律人提出了掌握法律知识之外的论证能力、前提能力的要求。② 而更重要的是,还要知道论证能力、前提能力的基础其实是对语言文字的理解能力,而语言文字能力(比如阅读理解,比如写作)在大学生群体中被忽视,而且事实上大学生的这方面能力是欠缺的(说非常欠缺也不为过)。笔者曾经在很多场合强调,大学的学习虽然表面上看起来是专业学习——法学生学习一套法学知识,医学生学习一套医学知识,但是这些知识体系的底层基础是最

---

① 这是本书第一章和第二章的内容。有的时候,笔者也很迷惑,在法学界经常被提及的重要概念——法律思维竟然没有统一的概念,没有人从思维底层去揭示它的内涵,大家都以为彼此知道法律思维是什么,但又基于各自的理解使用这个概念,这是造成法律思维混乱且不成体系的一个根本原因。

② 这是本书的第三章和第四章的内容。通过本书的描述,相信读者已经知道了论证和前提都有非常庞杂的知识体系,是需要系统学习和练习的,不能想当然地认为我们的学生是知道这些内容且可以直接驾驭法律思维的。

第四章 法律思维对法律人的要求（2）：前提能力

基本的语言文字和听说读写能力。什么专业都需要基础的语言文字能力做支撑，可是到了大学，专业知识的学习被看见甚至被过分强化，语言文字能力被忽视甚至被漠视。我们想想，一个法律人凭借什么展示他的法律思维和优秀的专业能力？还不是体现在跟当事人的沟通、向法院提交的各种文件以及在庭审上的表现上吗？一个人的专业能力最终是通过语言能力表现出来的，相应的，法律思维也是需要语言能力支撑的。维特根斯坦就曾经说过："语言的边界就是世界的边界。"语言能力不好，思维能力一定不好。我们用一张完整的表格（表4-15）来呈现一下法律人需要具备的知识和能力，希望能够将那些长久以来被我们忽视但又对法律人格外重要的基础性能力拉回到法律人的视野中。

表4-15　法律人必备知识和能力

法律思维对法律人的要求		
完整的知识体系	论证能力	前提能力
显性知识和隐性知识	宏观和微观论证知识（分析论证、评论论证等）	大前提和小前提（提炼、剪裁等）
良好的语言文字能力(这是支撑)		

2 第二部分
实 践 篇

嗨，亲爱的读者们，当你看到这里的时候，本书已经来到了实践篇，即法律思维理论部分的学习已经结束，我们将要开启实践部分的学习，来看看法律思维在法律人常见的几个现实场景中是如何被应用的。在开启实践篇之前，我们要把上文理论篇最为精髓的三点总结一下：

（1）法律思维是用法律知识解决法律问题，进而得到法律解决方案的过程，它的要素包括问题、结论和前提。

（2）法律思维中最为实用的技能是分析论证和评论论证，任何场景都离不开这两种技能，你需要学会不断地将你所面对的场景做成分析论证和评论论证的表格，把法律思维可视化。

（3）能够进行分析论证和评论论证是因为你的语言文字的理解能力和处理能力没问题，有些人知道分析论证和评论论证的重要性，但是他们的语言不准确，不能将信息准确地提炼出来填写到分析论证和评论论证的表格里。法律人的语言文字能力是最容易被忽略的，他们通常认为自己在这方面没问题，但事实上，这部分存在的问题很大。

现在我们带着这三点认识开始法律思维的实操部分。在阅读完本部分之后，我们会惊奇地发现，这三点贯穿于法律思维所有的实践场景。

第五章　法律思维的实操（1）
——案件处理

本章将围绕一个真实发生的案件进行法律思维的展示，如上文所描述的那样，即便是真实发生的案件，我们在将其写进书里的时候也必须对其进行整理，即大家看到的案情是作者梳理过的，没有呈现出现实生活中案情发展的全过程，只是用作者的视角将案情整理出来，呈现双方当事人的争议焦点，观察双方的观点是否成立，法院最后认定的观点与双方观点的差异，以及其中又是怎样呈现出我们上文反复强调的法律思维的重中之重——分析论证和评论论证的。我们先陈述案情以及双方的分歧点，然后再通过分析论证和评论论证分别呈现当事人（及其代理律师）和法官思维的要素——问题、结论、前提。

值得注意的是，本章的例子虽然是个真实的例子，但依旧是法学院的一个"教学案例"，没办法还原当事人陈述，律师调查取证、整理案情、深度挖掘案件信息和整理证据的情况，只是将这些都作为已经梳理好的内容呈现在本书的读者（法学生）面前。所以，很遗憾，这再次印证了法学院的教学案例与真实案件在处理流程、步骤、工作繁杂程度等方面都存在区别，但好在最核心的技能——分析论证和评论论证是一致的，我们主要展示这方面的内容。

一、案情简介

长春市朝阳区××商行系经营办公用品的个体工商户（以下简称"A商行"），吉林省××有限公司（以下简称"B公司"）常年从A商行采购办公用品。双方曾于2021年1月1日签订《办公用品供货合同》（以下简称"合同"或"原合同"）一份。合同中约定（以下为部分合同条款）：

> 一、购买方：吉林省××有限公司，以下简称甲方；
> 供货方：长春市朝阳区××商行，以下简称乙方。

第五章 法律思维的实操（1）

二、合作期限为一年，自 2021 年 1 月 1 日至 2021 年 12 月 31 日。

三、合作方式：乙方应按照市场最低价格向甲方供货，甲方在收到乙方供货后 30 天内结账；甲方付款前，乙方需向甲方提供正规发票（普票），乙方需提前三天将发票及收货单送到甲方财务部门并办理相关付款手续。

四、保证金：乙方自合同签订之日起××日内向甲方缴纳保证金人民币叁万元整。

五、违约责任

1. 合作期内，双方应严格履行各自的权利和义务。任何一方违反本协议的条款约定，违约方应就守约方因此受到的损失承担赔偿责任。

2. 合作期内，因乙方原因停止与甲方合作，甲方扣除所有保证金。如乙方因价格原因不能履行义务的，经甲乙双方协商同意，方可解除合同。

3. 乙方应保证供货的及时性，若乙方未按约定将所需货物运至甲方指定地点，每逾期一日，乙方应向甲方支付所购产品总价款 1% 的违约金；逾期达七日的，甲方有权解除合同，乙方应向甲方支付合同总价款30%的违约金。

4. 若甲方未按期向乙方支付货款，每逾期一日，甲方应向乙方支付应结算货款1%的违约金。

5. 乙方提供给甲方的产品价格要保证为市场最低价格，若甲方发现高于其他供应商价格，除扣除差价外，甲方扣除乙方保证金的30%，若连续发现三次，甲方有权解除合同，终止合作。

六、争议解决方式

双方在本协议履行过程中发生争议的，应友好协商解决，协商不成的，任何一方可向合同履行地人民法院提起诉讼。

七、合同效力

1. 对本协议及其补充协议所作的任何修改、变更，须经双方同意并在书面协议上签字方能生效。

2. 未经双方协商一致并签署书面协议，任何一方不得变更、修改或解除本协议中的任何条款。

第五章 法律思维的实操（1）

合同签订后，双方即如约履行合同义务。在合同中约定的合作期限于 2021 年 12 月 31 日到期后，双方未签订补充协议，亦未签订新的协议，仍保持持续供货关系至 2024 年 3 月。供货期间，A 商行财务人员每月与 B 公司财务总监在微信里就当月的供货情况进行对账，确认供货清单及供货金额。B 公司付款至 2022 年 6 月之后便不再付款，经 A 商行对账，截至 2024 年 3 月，B 公司尚欠货款 200 万余元。A 商行催缴货款未果，遂提起民事诉讼。

综上，本书只需要用一小段文字就将案件所有重要信息都摆在这里了。但现实中，律师和当事人可能会围绕这些信息反复沟通、调查取证，这是一个非常烦琐而且考验律师专业能力的过程，但是我们的教科书却无法呈现这一过程。只能在这里用几段文字再次提醒读者，实践中的案件和书本中的案件之间存在差别。这部分的内容，只能留给法律人在日后"真刀实枪"的案件处理中学习和体会了。

二、主要争议焦点

本案涉及几个焦点问题：

第一，合同到期终止后，A 商行与 B 公司之间的法律关系及其法律依据是什么？

第二，A 商行是否可以向 B 公司主张违约责任及其法律依据是什么？

第三，B 公司是否能以 A 商行未开具发票为由拒付货款？

第四，B 公司否认 A 商行提供的证据"销售凭证"上的签字系 B 公司有授权的员工所签，进而否认"销售凭证"的法律效力，该销售凭证是否有法律效力？

这是本案的几个焦点问题，需要提示读者的是，这些焦点问题是一直到开庭的时候，经过双方当事人激烈交锋并由法官总结才能最终确定的，但是我们在课堂教学中没办法呈现这个过程，只能将当事人在庭前、庭中的博弈和在庭后与法官互动的最终结果呈现给大家。所以，现实世界总是更精彩和更具挑战性的。法学院的教学案例（包括本书）都只能呈现每个阶段的"结果"而不是更为复杂和更具挑战性的"过程"。

接下来,我们要逐一分析双方在上述四个焦点问题上存在的分歧以及法官最后的判断,这是法律思维集中体现的环节。

(一) 焦点问题一

合同到期终止后,A商行与B公司之间的法律关系及其依据。

对于这个问题,A商行认为:根据合同第7条第2款的约定,"未经双方协商一致并签署书面协议,任何一方不得变更、修改或解除本协议中的任何条款",因双方在合同到期后未以书面形式对合同条款进行过任何变更,所以合同继续有效。双方自2022年1月起至2024年3月止的履行行为正是基于这份持续有效的合同,故B公司应依据合同约定支付货款。

在如上A商行的表述中,我们能发现A商行发表了两个观点,分别对应两个问题——合同到期终止后,A商行与B公司之间的法律关系是什么,以及B公司应当依据什么支付A商行货款。我们用表5-1来呈现一下对A商行观点的分析论证。

表 5-1 对 A 商行观点的分析论证

序号	问题	结论	小前提	大前提
1	合同到期终止后，A商行与B公司之间的法律关系是什么？	A商行与B公司之间仍然是原合同关系	双方在合同到期后未以书面形式对合同条款进行过任何变更，所以合同继续有效，双方自2022年1月起至2024年3月止的履行行为正是基于这份持续有效的合同	双方签订的合同第7条第2款约定："未经双方协商一致并签署书面协议，任何一方不得变更、修改或解除本协议中的任何条款"
2	B公司应当依据什么支付A商行货款？	B公司应当继续依据原合同约定支付货款	原合同持续有效	双方在合同到期后未以书面形式进行过任何变更且实际上也在继续履行

经过庭审，法院最终认定：

因合同到期后双方未就合同条款签订补充协议，根据合同约定，双方合作期限到期终止，故此案涉合同已到期终止。合同终止后，双方依然保持供货关系且持续供货过程中双方均无异议,根据《中华人民共和国民法典》(以下简称《民法典》)第490条第2款的规定:"法律、行政法规规定或者当事人约定合同应当采用书面形式订立,当事人未采用书面形式但是一方已经履行主要义务,对方接受时,该合同成立。"因此,A商行可基于买卖合同关系向B公司主张相关权利。

《民法典》第510条规定:"合同生效后,当事人就质量、价款或者报酬、履行地点等内容没有约定或者约定不明确的,可以协议补充;不能达成补充协议的,按照合同相关条款或者交易习惯确定。"《最高人民法院关于适用〈中华人民共和国民法典〉合同编通则若干问题的解释》第2条规定:"下列情形,不违反法律、行政法规的强制性规定且不违背公序良俗的,人民法院可以认定为民法典所称的'交易习惯':(一)当事人之间在交易活动中的惯常做法;(二)在交易行为当地或者某一领域、某一行业通常采用并为交易对方订立合同时所知道或者应当知道的做法。对于交易习惯,由提出主张的当事人一方承担举证责任。"根据上述规定,因双方之间的交易习惯是A商行供货后30日内B公司支付货款，故 A 商行可依据交易习惯向 B 公司主张支付货款。

由法院的判决可知，法院一共表达了三个观点：①法院并没有支持 A 商行认为原合同仍然有效的主张，而是认为原合同已经终止。②法院认可了 A 商行和 B 公司之间依旧是合同关系，只不过该合同关系是原有合同关系终止之后新成立的，并且是非书面的。③该非书面的合同并没有详细约定交易的质量、价款或者报酬、履行地点等内容，当事人也没有达成补充协议，所以当事人的交易要按照交易习惯来确定，进而 A 商行可以依据交易习惯向 B 公司主张货款。法院的三个观点中，观点①是对上文 A 商行观点的评论论证，即对表 5-1 的评论论证；观点②和③是法院自己的观点。我们可以继续用表 5-2 和表 5-3 对法院的观点进行拆解和呈现。

根据表 5-2，我们能清晰地看出，法院认为 A 商行的观点是错误的，A 商行与 B 公司之间的原合同已经终止，理由是根据合同第 2 条的约定：合作期限为一年，自 2021 年 1 月 1 日至 2021 年 12 月 31 日，进而 A 商行认为 B 公司应当依据原合同继续履行付款义务的主张也是错误的。

表 5-2　法院对 A 商行观点的评论论证（解构论证）

	分析论证				评论论证
序号	问题	结论	小前提	大前提	①前提不为真 ②前提推不出结论
1	合同到期终止后,A 商行与 B 公司之间的法律关系是什么?	A 商行与 B 公司之间仍然是原合同关系（A 商行的观点）	双方在合同到期后未以书面形式进行过任何变更,所以合同继续有效,双方自 2022 年 1 月起至 2024 年 3 月止的履行行为正是基于这份持续有效的合同	双方签订的合同第 7 条第 2 款约定:"未经双方协商一致并签署书面协议,任何一方不得变更、修改或解除本协议中的任何条款"	A 商行的结论(认为 A 商行与 B 公司之间仍然是原合同关系)错误,原因是小前提推不出结论,即小前提的基础——大前提不为真。应当依据合同第 2 条规定:合作期限为一年,自 2021 年 1 月 1 日至 2021 年 12 月 31 日
2	B 公司应当依据什么向 A 商行支付货款?	B 公司应当继续依据原合同约定支付货款（A 商行的观点）	原合同持续有效	双方在合同到期后未以书面形式进行过任何变更且实际上也在继续履行	A 商行认为 B 公司应当继续依据原合同约定支付货款的结论错误,原因是小前提不为真

同时，法院对 A 商行与 B 公司之间的关系重新进行了界定，并重新为 B 公司履行义务提供了依据，具体如表 5-3 所示。

表 5-3　对法院观点的分析论证（建构论证）

序号	问题	结论	小前提	大前提
1	合同到期终止后，A 商行与 B 公司之间的法律关系是什么？	A 商行与 B 公司双方成立新的合同关系	①原合同约定的合作期限已到期，合同已经到期终止 ②A 商行与 B 公司之间继续有交易往来	《民法典》第 490 条第 2 款规定："法律、行政法规规定或者当事人约定合同应当采用书面形式订立，当事人未采用书面形式但是一方已经履行主要义务，对方接受时，该合同成立。"
2	B 公司应当依据什么向 A 商行支付货款？	A 商行可依据交易习惯向 B 公司主张货款	①合同到期后，双方未签订补充协议，亦未签订新的协议 ②双方仍保持续供货关系至 2024 年 3 月 ③截至 2024 年 3 月，B 公司尚欠货款 200 万余元	《民法典》第 510 条、《最高人民法院关于适用〈中华人民共和国民法典〉合同编通则若干问题的解释》第 2 条等的规定

根据表 5-3，我们能清晰地看出，法院重新定义了 A 商行与 B 公司之间的关系——新形成的合同关系，即便该合同没有采用书面形式，但由于双方实际

履行了义务，合同也成立。并且法院认为，根据《民法典》第510条、《最高人民法院关于适用〈中华人民共和国民法典〉合同编通则若干问题的解释》第2条等的规定，A商行可依据交易习惯向B公司主张货款。到此，我们通过表5-2完整地呈现了法院对于A商行观点的评论论证，这同时也是一个解构论证。表5-3是法院对焦点问题一的分析论证，这同时也是一个建构论证。这样，我们就将一方当事人（A商行）的观点和法院最终判决的观点用可以看见的、符合法律思维规律的方式呈现出来了。①

(二) 焦点问题二

A商行是否可以向B公司主张违约责任及其法律依据是什么？

A商行认为：基于原书面合同有效的前提，根据合同第5条第4款的约定，"若甲方未按期向乙方

---

① 需要注意的是，这只是法院判决的观点，如果你认为法院的观点不对，你可以继续对法院的分析论证进行评论论证，这同时也是一个解构论证。你也发表你自己的观点，这同时也是一个建构论证的过程。所以你看，法律思维的底层其实就是分析论证和评论论证、解构论证和建构论证，这涉及我们上文介绍的论证方面的知识。只不过，在这个过程中，需要使用我们的法律知识，解决的是法律问题。

支付货款,每逾期一日,甲方应向乙方支付应结算货款1%的违约金",故 B 公司应按照合同约定的违约条款向 A 商行承担逾期付款的违约责任。

在 A 商行的表述中,我们可以发现,A 商行要解决的问题是 B 公司应当向 A 商行承担逾期付款的违约责任的依据是什么,其结论是双方签订的合同。我们用表 5-4 来呈现一下对 A 商行观点的分析论证。

表 5-4 对 A 商行观点的分析论证

问题	结论	小前提	大前提
B 公司向 A 商行承担逾期付款的违约责任的依据是什么?	双方签订的原合同	根据合同第 5 条第 4 款的约定,"若甲方未按期向乙方支付货款,每逾期一日,甲方应向乙方支付应结算货款1%的违约金"	双方签订的原合同依旧有效

经开庭审理,法院认为:

A 商行与 B 公司双方签订的原合同已经终止,双方成立了新的、事实上的买卖关系,但并没有书面协议就违约责任进行约定,因此在原合同到期终止后,双方并没有明确约定违约责任的承担方式。《最高人民法院关于审理买卖合同纠纷案件适用法律问题的解释》第18条第4款规定:"买卖合同没有约定逾期付款违约金或者该违约金的计算方法,出卖人以买受人违约为由主张赔偿逾期付款损失,违约行为发生在2019年8月19日之前的,人民法院可以中国人民银行同期同类人民币贷款基准利率为基础,参照逾期罚息利率标准计算;违约行为发生在2019年8月20日之后的,人民法院可以违约行为发生时中国人民银行授权全国银行间同业拆借中心公布的一年期贷款市场报价利率(LPR)标准为基础,加计30%~50%计算逾期付款损失。"根据该款规定,A商行向B公司供货后,B公司未按照交易习惯在收货后30日内向A商行支付货款,已构成违约,应承担相应的违约责任。因此A商行有权要求B公司以未付货款数额为基数,自逾期付款之日起至全额清偿之日止,按照LPR上浮50%的标准支付逾期付款损失。

通过对法院观点的剖析,我们发现,法院对两个问题发表了观点:其一,A商行与B公司之间的原合同已经终止了,所以A商行不能依据原合同要求B承担违约责任。其二,由于B公司确实存在违约行为且A商行与B公司之间的新合同(非书面）没有对违约责任的承担方式作出明确约定，因此要适用《最高人民法院关于审理买卖合同纠纷案件适用法律问题的解释》第 18 条第 4 款的规定进行处理。对此，我们用表 5-5 和表 5-6 来呈现法院对这两个观点的思维过程。

表 5-5　法院对 A 商行观点的评论论证（解构论证）

分析论证				评论论证
问题	结论	小前提	大前提	①前提不为真 ②前提推不出结论
B 公司向 A 商行承担逾期付款的违约责任的依据是什么？	双方签订的原合同(A 商行的观点)	根据合同第 5 条第 4 款的约定，"若甲方未按期向乙方支付货款，每逾期一日，甲方应向乙方支付应结算货款1%的违约金"	双方签订的原合同依旧有效	A 商行的结论(认为 B 公司向 A 商行承担逾期付款的违约责任的依据是原合同约定)错误，原因是小前提推不出结论，即依据的大前提不正确——原合同已经终止，而非 A 商行认为的还继续有效

根据表 5-5，我们能清晰地看出，法院认为 A 商行的观点是错误的，A 商行与 B 公司之间的原合同已经终止，理由是根据合同第 2 条的约定，A 商行与 B 公司合作期限为一年，即自 2021 年 1 月 1 日至 2021 年 12 月 31 日。进而 A 商行认为 B 公司应当依据原合

同继续承担违约责任的主张也是错误的。

但是,法院为B公司应当承担违约责任提供了新的依据,具体如表5-6所示。

表5-6 对法院观点的分析论证(建构论证)

问题	结论	小前提	大前提
B公司向A商行承担逾期付款的违约责任的依据是什么?	A商行有权要求B公司以未付货款为基数,自逾期付款之日起至全额清偿之日止,按照LPR上浮50%的标准支付逾期付款损失	①原合同到期终止,不能成为依据 ②双方之间并没有明确约定违约责任的承担方式 ③A商行向B公司供货后,B公司未按照交易习惯在收货后30日内支付货款,已构成违约	《最高人民法院关于审理买卖合同纠纷案件适用法律问题的解释》第18条第4款规定:"买卖合同没有约定逾期付款违约金或者该违约金的计算方法,出卖人以买受人违约为由主张赔偿逾期付款损失,违约行为发生在2019年8月19日之前的,人民法院可以中国人民银行同期同类人民币贷款基准利率为基础,参照逾期罚息利率标准计算;违约行为发生在2019年8月20日之后的,人民法院可以违约行为发生时中国人民银行授权全国银行间同业拆借中心公布的一年期贷款市场报价利率(LPR)标准为基础,加计30%~50%计算逾期付款损失。"①

---

① 实践中,买卖双方经常会在合同中的违约责任条款里约定每日千分之五或每日百分之一的逾期付款违约金,一旦发生(转下页)

根据表 5-6，我们能清晰地看出，法院重新为 B 公司逾期未支付货款应承担违约责任找到了法律依据，该依据并不是 A 所主张的原合同。到此，我们通过表 5-5 完整地呈现了法院对 A 商行观点的评论论证，这同时也是一个解构论证。表 5-6 是法院对于焦点问题二的分析论证，这同时也是一个建构论证（建构的是法院自己的观点）。这样，我们就将一方当事人（A 商行）的观点和法院最终判决的观点用可以看见的、符合法律思维规律的方式呈现出来了。①

（接上页）争议诉至法院，违约方都会主张约定违约金过高，请求法院予以调整。中国裁判文书网上公开可查询到的裁判文书显示，法院在判决时，有按 1 倍 LPR 标准计算违约金的，有按 1.3 倍 LPR（上浮 30%）标准计算违约金的，有按 1.5 倍 LPR（上浮 50%）标准计算违约金的，也有按 4 倍 LPR 标准计算违约金的。因对该类案件违约金计算标准的裁判在法官自由裁量权范围内，因此都是合法的。可以参考法条《民法典》第 585 条第 1、2 款的规定："当事人可以约定一方违约时应当根据违约情况向对方支付一定数额的违约金，也可以约定因违约产生的损失赔偿额的计算方法。约定的违约金低于造成的损失的，人民法院或者仲裁机构可以根据当事人的请求予以增加；约定的违约金过分高于造成的损失的，人民法院或者仲裁机构可以根据当事人的请求予以适当减少。"

① 同样，这只是法院的观点，如果你不认同，也可以按照分析论证和评论论证、解构论证和建构论证的方式表达自己的观点。

（三）焦点问题三

B 公司是否可以 A 商行未开具发票为由拒付货款？在庭审过程中，B 公司眼见合同关系的存在已经不容否认，于是以 A 商行没有开具发票为由拒绝支付货款。对此，B 公司的陈述如下：无论依据已经到期终止的合同还是依据双方交易习惯，在 A 商行未先行开具发票的情形下，B 公司有权拒付货款，因而 B 公司不存在延期支付行为，也不应支付逾期付款违约金。《民法典》第 526 条规定："当事人互负债务，有先后履行顺序，应当先履行债务一方未履行的，后履行一方有权拒绝其履行请求。先履行一方履行债务不符合约定的，后履行一方有权拒绝其相应的履行请求。"B 公司据此认为，在 A 商行有先履行义务的情形下，B 公司在 A 商行未履行在先义务时有权拒绝履行付款义务。

在 B 公司的表述中，我们能发现，B 公司的核心观点是在 A 商行没有履行在先义务的情况下，B 公司没有履行合同的义务。我们用表 5-7 来呈现一下对 B 公司观点的分析论证。

表 5-7 对 B 公司观点的分析论证

问题	结论	小前提	大前提
A 商行没有开具发票，B 公司有义务履行付款义务吗？	B 公司没有履行付款义务，进而没有延期支付行为，也不需要支付违约金	①合同约定 A 商行应当先开具发票，而后 B 公司付款 ②A 商行没有开具发票	《民法典》第 526 条规定："当事人互负债务，有先后履行顺序，应当先履行债务一方未履行的，后履行一方有权拒绝其履行请求。先履行一方履行债务不符合约定的，后履行一方有权拒绝其相应的履行请求。"

经过庭审，法院认为：

《最高人民法院关于适用〈中华人民共和国民法典〉合同编通则若干问题的解释》第 26 条规定："当事人一方未根据法律规定或者合同约定履行开具发票、提供证明文件等非主要债务，对方请求继续履行该债务并赔偿因怠于履行该债务造成的损失的，人民法院依法予以支持；对方请求解除合同的，人民法院不予支持，但是不履行该债务致使不能实现合同目的或者当事人另有约定的除外。"第

31条第1款规定:"当事人互负债务,一方以对方没有履行非主要债务为由拒绝履行自己的主要债务的,人民法院不予支持。但是,对方不履行非主要债务致使不能实现合同目的或者当事人另有约定的除外。"本案中,原合同约定及在货款支付环节的交易习惯均是先由A商行出具相应的发票,后由B公司支付货款,但开具发票义务无法与货款支付义务构成对等义务,仅系附随义务,故B公司不能以A商行未开具发票为由主张行使先履行抗辩权而拒绝支付合同价款。

通过对法院观点的剖析,我们可以发现,法院对双方关注的问题——在A商行未开具发票的情况下,B公司可否拒绝履行支付义务作了回复,同时否定了B公司在表5-7中呈现的观点。我们通过表5-8和表5-9来呈现一下法院的思路。

根据表5-8,我们能清晰地看出,法院认为B公司的观点是错误的,A商行的开具发票义务与B公司的付款义务不是《民法典》第526条规定的先后履行义务,A商行的交货义务与B公司的付款义务才是先后履行义务。A商行的开具发票义务与B公司的付款义务是非主要债务和主债务的关系。因此，法院继续提供新的依据，重新定性了 B 公司的付款义务和 A 商行的开具发票义务之间的关系，进而回答了 B 公司是否需要继续支付货款并承担逾期付款的违约责任的问题，如表 5-9 所示。

表 5-8 法院对 B 公司观点的评论论证（解构论证）

分析论证				评论论证
问题	结论	小前提	大前提	①前提不为真 ②前提推不出结论
A 商行没有开具发票，B 公司有义务履行付款义务吗?	B 公司没有义务履行付款义务，进而没有延期支付行为，也不需要支付违约金（B 公司的观点）	①合同约定 A 商行应当先开具发票，而后 B 公司付款 ②A 商行没有开发票	《民法典》第 526 条规定:"当事人互负债务，有先后履行顺序，应当先履行债务一方未履行的，后履行一方有权拒绝其履行请求。先履行一方履行债务不符合约定的，后履行一方有权拒绝其相应的履行请求。"	B 公司的结论（认为 B 公司没义务履行付款义务的观点）错误，原因是小前提推不出结论，即依据的大前提不正确——开具发票与付款义务不是先后履行义务，而是主要债务和非主要债务的关系

表 5-9 对法院观点的分析论证（建构论证）

问题	结论	小前提	大前提
A商行没有开具发票,B公司有义务履行支付义务吗?	B公司有义务支付货款,B公司没有支付构成违约,需承担逾期支付违约责任	①A商行没有开具发票 ②A商行已经交付货物,这是与B公司支付货款义务对等的主债务 ③A商行开具发票的行为不是主债务	《最高人民法院关于适用〈中华人民共和国民法典〉合同编通则若干问题的解释》第26条规定:"当事人一方未根据法律规定或者合同约定履行开具发票、提供证明文件等非主要债务,对方请求继续履行该债务并赔偿因怠于履行该债务造成的损失的,人民法院依法予以支持;对方请求解除合同的,人民法院不予支持,但是不履行该债务致使不能实现合同目的或者当事人另有约定的除外。"第31条第1款规定:"当事人互负债务,一方以对方没有履行非主要债务为由拒绝履行自己的主要债务的,人民法院不予支持。"

根据表 5-9，我们能清晰地看出，法院没有支持 B 公司主张自己在 A 商行没有开具发票的情况下不负有支付义务的观点，反而认为 B 公司的付款义务与 A 商行开具发票的义务不是先后履行义务，而是主要债务和非主要债务的关系，没有履行非主要

债务并不影响B公司履行支付义务,因此B公司构成逾期付款,需要支付违约金。至此,我们通过表5-8完整地呈现了法院对于B公司观点的评论论证,这同时也是一个解构论证。表5-9是法院对于焦点问题三的分析论证,这同时也是一个建构论证。这样,我们就将一方当事人(B公司)的观点和法院最终判决的观点用可以看见的、符合法律思维规律的方式呈现出来了。

(四)焦点问题四

B公司指出根据交易习惯,A商行在送货至B公司时,B公司员工清点验收完毕后会在A商行的"销售凭证"上签字确认,"销售凭证"上载明了销售货物的名称、种类、品牌、数量及价款等事项。在庭审过程中,B公司否认A商行所提供的"销售凭证"上的签字系B公司有授权员工的签字,进而否认"销售凭证"的法律效力。针对这个问题,B公司在庭审中陈述了自己的主张,认为B公司仅授权过两位员工在"销售凭证"上签字,并未授权其他员工签字确认,因此认为未经授权的员工在"销售凭证"上的签字确认是无效的,B公司对该"销售凭证"上的销售金额不予认可。

在B公司的表述中，我们能发现，B公司的核心观点是"销售凭证"上的签字不是B公司有授权员工的签字，因此其对"销售凭证"上的销售金额不认可。我们用表5-10来呈现一下对B公司观点的分析论证。

表5-10 对B公司观点的分析论证

问题	结论	小前提	大前提
B公司是否需要认可"销售凭证"上的销售金额？	不需要	①在"销售凭证"上签字的员工是B公司的员工 ②在"销售凭证"上签字的员工不是B公司授权的员工	根据A商行与B公司的交易习惯，A商行在送货至B公司时，B公司授权的员工清点验收完毕后会在A商行的"销售凭证"上签字确认，"销售凭证"上载明了销售货物的名称、种类、品牌、数量及价款

法院经查明认为：根据双方交易习惯，A商行每次送货时都是由B公司"当班"的员工验收并签字确认，B公司从未向A商行澄清过其是否为被授权签字人员。《民法典》第172条规定："行为人没有代理权、超越代理权或者代理权终止后，仍然实

施代理行为，相对人有理由相信行为人有代理权的，代理行为有效。"故 B 公司员工签字的行为构成表见代理，经 B 公司员工签字确认的"销售凭证"具有法律效力，可以作为双方结算货款的合法依据。

通过对法院观点的剖析，我们发现，法院对双方关注的问题——在"销售凭证"上签字的员工并非 B 公司授权的员工，B 公司可否拒绝承认"销售凭证"上的销售金额进行了回复，法院没有支持 B 公司在表 5-10 中呈现的观点。我们通过表 5-11 和表 5-12 来呈现一下法院的思路。

根据表 5-11，我们能清晰地看出，法院认为 B 公司的观点是错误的，B 公司声称存在授权员工，但实际上 A 商行与 B 公司在交货的时候通常是由"当班"员工负责签字验收，并非由授权员工签字。同时，法院认为无论签字员工是否为取得授权的员工，他们均是 B 公司的员工，因此构成表见代理。我们通过表 5-12 可以看出，法院重新定义了 A 商行与 B 公司的交易习惯，并确认了"当班"员工签字的性质。

第五章　法律思维的实操（1）

表 5-11　法院对 B 公司观点的评论论证（解构论证）

分析论证				评论论证
问题	结论	小前提	大前提	①前提不为真 ②前提推不出结论
B公司是否需要认可"销售凭证"上的销售金额？	不需要（B公司的观点）	①在"销售凭证"上签字的是B公司的员工 ②在"销售凭证"上签字的不是B公司授权的员工	根据A商行与B公司的交易习惯，A商行在送货至B公司时，B公司授权的员工清点验收完毕后会在A商行的"销售凭证"上签字确认，"销售凭证"上载明了销售货物的名称、种类、品牌、数量及价款	B公司的结论（认为在非授权员工签字的情况下，B公司不需要承认销售金额的观点）错误，原因是小前提推不出结论，即依据的大前提不正确——是否为授权员工不影响"销售凭证"的效力

表 5-12　对法院观点的分析论证（建构论证）

问题	结论	前提	大前提
B公司是否需要认可"销售凭证"上的销售金额？	需要	①"销售凭证"上的签字为B公司员工所为 ②A商行与B公司之间的交易习惯是"当班"员工签字 ③B公司未向A商行澄清过其是否有授权签字人员	《民法典》第172条规定："行为人没有代理权、超越代理权或者代理权终止后，仍然实施代理行为，相对人有理由相信行为人有代理权的，代理行为有效。"故B公司员工签字的行为构成表见代理，经B公司员工签字确认的"销售凭证"具有法律效力，可以作为双方结算价款的合法依据

261

根据表5-12，我们能清晰地看出，法院没有支持B公司以签字员工不是授权员工为由拒绝承认销售金额的主张，原因是双方的交易习惯并不是由授权员工签字，而是由"当班"员工签字。根据《民法典》的规定，只要是由B公司员工签字，就已经构成表见代理。B公司必须承认"销售凭证"上载明的"销售金额"。到此，我们通过表5-11完整地呈现了法院对B公司观点的评论论证，同时也是一个解构论证。表5-12是法院对于焦点问题四的分析论证，同时也是一个建构论证。这样，我们就将一方当事人（B公司）的观点和法院最终判决的观点用可以看见的、符合法律思维规律的方式呈现出来了。

至此，我们将一个"真实案件"中的四个焦点问题用可以被看见的和极具可操作性的方式展现出来。写到这部分，笔者是非常欣喜的，因为我们终于可以用一种具有普遍适用性、更容易被理解的方式（法律思维的要素，分析论证和评论论证、解构论证和建构论证）将我们面临的法律问题一一拆解，窥探它的内部结构，全面呈现法律思维参与者的思维要素并确认其每个部分是否存在问题以及存

第五章 法律思维的实操（1）

在怎样的问题。这样的呈现是极具意义的，它使得全体法律人有了一个可以用于共同交流的语言体系、思维模型，这不仅为在法学院中教授法律知识、分析法律案件的老师及其学生提供了一套可以相互理解的交流工具，也为实务界的法律人提供了一套标准的思维模型和术语，用于增进彼此之间的理解。更为重要的是，人们对法律思维有了统一的认识，可以将自身对于法学发展、法学教育的经验在这一整套关于法律思维的知识体系上进行共同积累，使得后来的人能够在这一整套关于法律思维的完整体系的基础上，窥探到前人在法律思维上所作出的贡献，而不再像之前那样，只是看到了前人所做工作，但并不知道其归属于法律思维的哪个部分以及怎样对这部分工作进行评估。

但是，令人沮丧的是，我们依旧不能完整地还原一个真实案件在法律人实际工作中的复杂、鲜活和不确定，这种复杂的情况会随着当事人类型的不同变得更加难以捉摸。再加上法律流程的复杂性、参与主体的多元性都会导致每个人拥有的信息、呈现的法律思维要素各有不同（如对问题理解不同、对小前提和大前提的理解不同），这使得实践中，法律人的工作和需要法律思维的场景都非常复杂。然而，法学院的教学无法呈现法律人在与濒临崩溃的当事人进行沟通时的窘境；无法呈现证据缺失时当事人诉求无法实现的无力感；无法呈现补充证据和调取证据时的艰辛；更无法体现搅和在其中的复杂的社会环境和司法体系以及更为复杂的人性……

我们只能将案情梳理好，提供给法学生，如果不这样做，法学生可能也无法开展基本的法律思维训练。笔者只能反复强调实践中的案情获取要比这难成百上千倍，与当事人沟通更是难上加难，因为他们可能表达不清，不具有法律思维，还有可能想要隐瞒事实……关于法律的部分，我们也只能按部就班地引导学生进行法律检索并将其加工成大前提，至于法律人在实践中对于法律的反复掂量，不同法律之间的策略选择，双方当事人以及他们与法官之间的博弈都没办法充分展现在案例教学中……甚至，我们也没办法还原法律人（法官、检察官、律师等）办案的全流程，如接触当事人、整理案件、准备材料和法律文书、立案、提交材料、开庭、陈述、举证质证、辩论……但好在我们还有一整套法律思维的工具，能将这背后最为核心的内容传递给学生，让这些尚未成长起来的法律人知道，所有的前期输入环节都是为了形成这一套法律思维，所有的后期输出都是以不同的形式将这套法律思维呈现和表达出来。①

至此，我们已经将法律思维在实践中最重要的环节——案件处理介绍完毕，接下来我们继续探讨法律思维在论文写作、日常生活等场景中的应用。无论是怎样的场景，我们都离不开用法律思维解决问题，底层逻辑都离不开对三要素——问题、结论、前提的把握，以及对分析论证和评论论证、解构论证和建构论证的运用。当然，想要熟练运用这些法律思维的工具，必须有扎实的法学理论基础，这也是我们必须重视法律知识②学习的原因。

---

① 会见当事人、收集证据、检索法律等都是输入环节，为了整理法律思维中的小前提和大前提。庭审中无论是举证、质证、辩论和发表代理词都是围绕问题、结论和前提展开，都是法律思维的不同侧重点在实践中的表现。

② 法律知识和法学理论的关系在于，法律知识的模块化就是法学理论，知识不是松散的，而是以模块形式呈现的，每个模块就是一个理论。比如犯罪构成理论含有四个要件，分别是主体要件、主观方面、客观方面、客体要件。相应地，这些知识就被涵盖在犯罪构成理论之中。

第六章 法律思维的实操（2）
——论文写作

一、论文写作和案件处理在法律思维层面的差别

法学论文写作也是解决法律问题，也要用到法律思维，在具体解释法律思维在法学论文写作中的表现之前，我们先来区分一下法学论文写作和实际法律案件处理这两个都会用到法律思维的实践场景有什么区别。用一句话概括就是，法学论文写作中的法律思维涉及知识生产（即生产新知识），实际案件处理中的法律思维大多数只涉及知识应用（即使用既有知识），少数疑难案件的处理才会涉及新知识的生产。我们先来看一幅图，了解一下法律学习的不同层次，如图6-1所示。

针对教育（含法学）中的认知，布鲁姆教授将其分为六个层次：记忆、理解、应用、分析、评

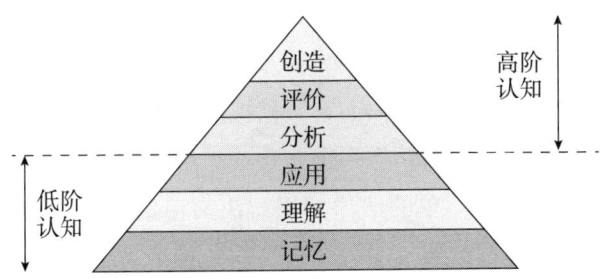

图6-1 布鲁姆教育目标分类

价、创造。其中记忆、理解、应用属于初级认知,也被称为低阶认知;分析、评价和创造属于高级认知,也被称为高阶认知。我们先将这些认知的具体内涵深入细致地介绍给大家:①记忆是指对具体知识或抽象知识的辨认和识记,这是一种最基本的学习方式,也是教育目标在认知领域最低层次的要求。具体而言,我们平时上课给学生讲法学知识就处于这个层次。②理解是指对事物或者知识的领会,这里的领会是指初步的、肤浅的领会,受教育者只要能用自己的语言复述、解释、描述、比较即可。具体而言,我们在期末考试时给学生出一套卷子,考查学生是否领会了我们上课所讲授的内容就属于这个层次。③应用指的是将自己学习到的知识包括概念、原理等应用到具体的解决问题当中。这里所指的应用是简单的、初步的直接应用,不涉及新知识的生产。具体而言,模拟法庭训练就处于这个层次,通过给学生一个非常简单的案例,考查学生是否会用简单的法律知识解决简单的法律问题。④分析是指按照一定的(理性的)标准将材料分解成不同的部分,从而将其内部组织结构呈现出来,这样既可以详细地说明其内部结构,也可以看出其内部结构是否缺失。我们在上文所介绍的分析论证就体现了这一层次的要求。⑤评价是指在分析的基础之上评价已经被分解的各个要素是否符合一定的标准,从而作出一定的判断。应当指出的是,这种判断是基于理性的判断,而非基于直观感受。我们在上文所介绍的评论论证就体现了这一层次的要求。⑥创造是指在分析、评价的基础上,有可能会产生新的知识,或者新的方法,抑或发现事物之间新的联系。法学论文写作以及一部分疑难案件的解决就处于这一层次,都是解决问题,这一层次区别于其他层次的标志就在于产生了新知识,人类对于法律的认识又加深了。创新是最高层次的教育目标。

第六章 法律思维的实操（2）

长期以来，我们的教育花了大量的时间和精力在①、②两个层次上，对于如何实现高级认知领域的教育目标并没有太清晰的路线和方法。简单在这里提一下（后续会详细介绍），人工智能（AI）的认知处于低阶认知阶段——记忆、理解和简单的应用，它目前还无法突破高阶认知。而高阶认知就与本书所介绍的法律思维有关，这也是法律人对抗人工智能挑战的有效武器。

法学论文写作处于布鲁姆认知金字塔的最高层——创造，它的目的是要生产出新的法学知识。任何阶段的法学学位的获取都伴随着法学论文写作和答辩，这样设置的目的就是要培养法学生的创新能力。对，创新能力就是布鲁姆所说的创造，即生产新知识的能力。可能有人会质疑说，法学生，尤其是本科生，他们刚接触法律四年，怎么可能生产出新的知识？我们不要一提起创新或者创造就想到很宏大的事情，本科生的创新可以是小小的创新，研究生的创新可以是稍微大一点的创新，同样从事法学研究的法学学者（高校教师）可以是更大的创新。创新用来描述的是一种活动的性质，与最后产出的创新大小没有直接联系，每个人只需要立足自己的岗位从事自己力所能及的创新活动就好。我们用表6-1来解释一下应用和创造之间的差别,也更能理解处理法律案件和撰写法学论文之间的区别,尽管两者都涉及法律思维。

表6-1 应用和创造之间的差别

	应用	创造
解决的问题	解决普通问题	解决疑难问题
主体	普通人	专家、某一领域的深度探索者
知识	既有知识	新知识
认知	应用	创造
过程	使用既有知识	科学研究
难度	一般	艰难
结果	知识总量没变化、社会没变化	知识总量增加、社会进步

关于阅读和写作,笔者出版了两本专著——《批判性思维与写作》和《100天写出一篇论文——论文写作的本质及过程控制》,其中有更为细致的关于阅读和写作的解读。在本书中,笔者介绍这部分内容仅想说明阅读法学文献和法学写作本身也是必须动用法律思维的学习过程,凡是没有法律思维融入或参与的法学文献阅读和写作都是不达

标的，甚至是糊弄了事的。从论证的角度来看，阅读属于解构论证，写作属于建构论证，两者都涉及分析论证和评论论证。读者也可以结合上文的内容对这部分内容进行深入理解，接下来我们分别看一下法律思维是怎样对阅读和写作提出要求的。

二、法律思维在阅读中的体现

学生写作能力不足是阅读能力不够导致的，因为写作是输出，阅读是输入，输入的质量不高、数量不够、内容不准确都影响输出的质量。所以，我们首先需要抓学生的阅读，让学生深刻理解阅读的要求和标准，而不再像日常那样随意地阅读，那样只能算是——装作在阅读。

如表6-2，阅读是有层次的，根据《如何阅读一本书》的作者莫提默·J. 艾德勒和查尔斯·范多伦的分类，阅读包含基础性阅读、检视性阅读、分析性阅读以及主题性阅读，这四个阅读层次是层层递进的关系。我们稍后会对这四个层次进行分析，也请读者们对照一下，自己的阅读处于哪一个层次。

首先，基础性阅读是指读通，是指我们能从前到后读完，没有文字障碍和术语障碍。这种阅读要求并不高,我们只要不是文盲,对所阅读文字材料的背景和基础知识有一定了解就能达到。

其次,检视性阅读是指读懂,是指我们在基础性阅读的基础之上,对文章的标题、目录、作者信息、主要内容等能进行复述,也就是能说出文章的一些客观信息,能描述主要内容,能说出文章的重点以及重要信息。注意这个"内容"是指作为文章物理组成部分的"内容"。

再次,分析性阅读是指读透,也被称为批判性阅读,是指在基础性阅读和检视性阅读的基础上将一本书的"肉"拆掉,剥离出"骨架"的阅读方法,这副骨架说的就是文章的论证结构,肉就是指通过上文的检视性阅读得到的内容。这部分要求我们能够清晰地透过现象(肉)看到这篇文章的本质(骨头)。具体而言,就是学生在做完分析性阅读之后要能"准确"回答如下问题:"本篇文章要解决的问题是什么?""针对问题,作者的结论是什么?""作者得出结论的依据是什么?"——这三个问题是分析论证的主要内容。"这些依据是否符合前提的要求?""这些前提是否能推出结论?""作者的结论是否为真?""作者用的是什么论证方式?""这个论证是可靠或可接受的吗?"——这几个问题是评论论证的主要内容。怎么样？看到这里，是不是觉得我们在做庖丁解牛的工作，一点一点剔除肉，让骨架露出来。

最后，主题性阅读。从严格意义上来说，主题性阅读是为写作做准备的，是指搜集一些关于某个主题的文献，对这些同主题的文献进行批判性阅读，然后将这些文献所讨论的问题的主题线索、时间线索、空间线索、作者线索等全部梳理出来，主题性阅读的过程也是形成文献综述的过程。因此，主题性阅读也是在前三个层次的阅读尤其是批判性阅读的基础上展开的。

表 6-2 阅读的层次

阅读层次	名称	定义	要达到的目的
第一层	基础性阅读	能从前到后读完,没有文字障碍和术语障碍	读通
第二层	检视性阅读	在基础性阅读的基础之上,对文章的标题、目录、作者信息、主要内容等都能进行复述,也就是说,能说出文章的一些客观信息,能描述主要内容,能说出文章	读懂

(续表)

阅读层次	名称	定义	要达到的目的
		的重点以及重要信息。注意这个"内容"是指作为文章物理组成部分的"内容"	
第三层	分析性阅读	也被称为批判性阅读,是指在基础性阅读和检视性阅读的基础上将一本书的"肉"拆掉,剥离出"骨架"的阅读方法,这副"骨架"说的就是文章的论证结构,"肉"就是指上文的检视性阅读	读透
第四层	主题性阅读	是指搜集关于某个特定主题的一些文献,对这些同主题的文献进行批判性阅读,然后将这些文献所讨论的问题的主题线索、时间线索、空间线索、作者线索等全部梳理出来,主题性阅读的过程也是形成文献综述的过程。因此,主题性阅读也是在前三个层次阅读尤其是在批判性阅读的基础上展开的	为写作做准备

本书并不是专门教授阅读的书籍,想要深入了解阅读的要求和掌握阅读技能的读者,可以参阅笔者的另外两部著作《批判性思维与写作》《100天

写出一篇论文——论文写作的本质及过程控制》。本书只想探讨，对于一篇文献的阅读应该达到批判性阅读的层次，否则就是不成功的阅读。在阅读的四个层次中，基础性阅读和检视性阅读是批判性阅读的基础，主题性阅读是大规模的、针对所有同主题文献开展的批判性阅读。结合本书的主题，我们主要介绍批判性阅读，其他的阅读类型请读者通过上文介绍的书籍自行学习。同时需要提醒读者的是，检视性阅读需要动用的就是我们在本书第四章介绍大前提断言形成部分时提及的六项思维工具——概括、抽象、分析、综合、比较、分类，在这里不再详细介绍了，我们只针对批判性阅读展开介绍，目的是让读者清晰地认识到，阅读需要推进到法律思维的层次，也即将法律思维融入专业文献的阅读中。我们以一篇短小的文章为例：

> 危险的亚洲世纪：美中对抗的危害（节选）
>
> "近几年有一种议论，说下个世纪是亚洲太平洋世纪，好像这样的世纪就要到来。我不同意这个看法。"中国领导人邓小平在1988年向来访的印度总理拉吉夫·甘地表达了这一观

点。三十多年后,邓小平证明了自己的先见之明。几十年来,亚洲取得了非凡的经济成就,如今是世界上经济增长最快的区域。在这十年内,亚洲经济体的规模将超越世界其他经济体的总和,这是自十九世纪以来从未出现过的情况。然而,即使到今天,邓小平的告诫依然让人警醒:亚洲世纪既非必然实现,也非命中注定。

亚洲之所以繁荣,是因为"二战"结束以来一直维持着的"美国治下的和平"(Pax Americana)提供了有利的战略环境。然而目前,美中两国的紧张关系引发了有关亚洲未来和新兴国际秩序形态的深刻问题。包括新加坡在内的东南亚国家尤其感到担忧,因为它们处于各个大国利益的交汇点上,必须避免被夹在中间或被迫作出令人不快的选择。

亚洲的现状必须改变。但新的格局会带来更多的成功还是会带来危险的不稳定局面?这取决于美国和中国分别和共同作出的选择。这两个大国必须制定一种共处模式,在一些领域保持竞争关系的同时,不让两国之间的矛盾危

第六章　法律思维的实操（2）

害所有领域的合作。

亚洲国家视美国为在本区域拥有重大利益的常驻大国。与此同时，中国是隔邻的区域大国。其他亚洲国家不希望被迫在两者之间作出选择。如果任何一方试图迫使亚洲各国作出选择——如华盛顿试图遏制中国的崛起，或是北京寻求在亚洲建立一个专属势力范围——美中将走上一段持续数十年的对峙之路，使长久以来预期会出现的亚洲世纪岌岌可危。

上文已经指出批判性阅读就是将文章要解决的问题、针对问题得出的结论，以及得出结论的前提提炼出来，这个过程是分析论证。同时我们还要对作者的问题、结论、前提进行评价，也即评论论证。我们用表6-3来呈现一下对这篇短文的分析论证，然后再用表6-4来呈现一下对这篇短文的评论论证，这样就完成了对一篇文献的批判性阅读。

这就是这段文字的论证结构，我们使用分析论证的方法将文章的底层逻辑全部剖析出来摆在读者面前。那么作者的观点能不能站得住脚呢？我们接下来还需要使用评论论证的方法来辨别作者观点里的"陷阱",它非常具有迷惑性。

表 6-3 对文章观点的分析论证

问题	结论	前提	未表达前提
未来中美两国要采取什么样的模式才能一方面为亚洲发展继续提供基础,另一方面避免小国处在两难境地?	中美两国必须选择制定一种既竞争同时又有合作的共处模式来继续推进预言中的"亚洲世纪"	①"亚洲世纪"是各方的共同期待 ②中美的紧张关系影响到了"亚洲世纪" ③只有中美找到共处的模式,"亚洲世纪"才有可能继续推进 ④如果中美不这么做,"亚洲世纪"岌岌可危	①作者认为美式和平是亚洲繁荣的条件 ②美国参与亚洲事务不仅可以被接受还是理所应当的 ③中国参与亚洲事务的限度是不破坏美国治下的和平 ④新加坡和其他小国的利益是相同的 ⑤中美决定亚洲未来走向 ⑥美国制定了国际规则

我们看一下作者的未表达前提就能发现,作者是美国的忠实拥趸,他不仅不排斥美国参与亚洲事务,认为美国对亚洲的治理才是目前亚洲繁荣的基础,还认为亚洲现在面临的矛盾是因为中国的崛起侵犯了美国在亚洲的利益,要求中国在美国允许的限度内活动,也即中国的崛起要让位于美国的利益,即便是在亚洲。通过这样的分析,我们是不是

就能看出作者是美国的盟友了？他的观点都是对美国有利并且限制中国发展的。况且美国并不是一个亚洲国家，却被容忍在亚洲指手画脚，新加坡不仅没有指出美国的霸权，反而要求中国在美国允许的限度范围内与美国达成一致，持续推进所谓的"亚洲世纪"。

这样一来，我们就能判断出作者的观点对我们是友好还是不友好了。我们用表6-4来呈现一下对这篇文章（即作者）观点的评论论证。

通过这样的分析，我们就能看出作者所代表的新加坡实际上是美国的盟友，作者表面上是中美贸易摩擦的斡旋人，但实际上是偏向于维护美国利益的，并且要求中国遵守美国在亚洲的规则，尊重美国在亚洲的利益，却没有指出美国侵犯别国事务、干涉亚洲发展、滥用世界霸主地位等行为。这样，我们就完成了对这几段节选文字的批判性阅读。要想完成这样的阅读并不容易，它要求我们首先要完成基础性阅读和检视性阅读，其次要能准确提炼和表达出这段文字的法律思维要素——问题、结论、前提以及未表达前提（假设）。做到这些我们也仅是做完了分析论证，要想完成最后一个步骤——评论论证，我们还需要大量的专业知识来判断作者的未表达前提到底是不是正确的，这才是阅读的正确姿势。

表 6-4 对作者观点的评论论证

分析论证				评论论证
问题	结论	前提	未表达前提	①前提不为真 ②前提推不出结论
未来中美两国要采取什么样的模式才能一方面为亚洲发展继续提供基础，另一方面避免小国处在两难境地？	中美两国必须选择制定一种竞争同时又有合作的共处模式来继续推进预言中的"亚洲世纪"	①"亚洲世纪"是各方的共同期待 ②中美的紧张关系影响到了"亚洲世纪" ③只有中美找到共处的模式，"亚洲世纪"才有可能继续推进 ④如果中美不这么做，"亚洲世纪"岌岌可危	①作者认为美式和平是亚洲繁荣的条件 ②美国参与亚洲事务不仅可以被接受还是理所应当的 ③中国参与亚洲事务的限度是不破坏美国治下的和平 ④新加坡和其他小国的利益是相同的 ⑤中美决定亚洲未来走向 ⑥美国制定了国际规则	未表达前提不为真，前提推不出结论： ①亚洲繁荣是亚洲国家及其人民共同努力的结果 ②美国参与亚洲事务是对亚洲国家的干涉，越南战争和朝鲜战争就能说明这一点 ③新加坡没有权力要求中国服从美国的治理 ④美国不应该插手亚洲事务，也没有权力制定亚洲发展规则并决定亚洲未来走向

阅读所有的议论文都要求做到批判性阅读的层次，但是很不幸，我们在日常教学中并没有开展这样的训练，也没有人指导学生完成这样的训练，这就导致学生在阅读环节存在大量的问题，阅读不过关，输入就不过关；输入不过关，与输出有关的活动（如观点表达和写作）就必然不过关。由于本书并不是专门指导阅读和写作的书籍，仅是揭示阅读和写作与法律思维的关系，其余关于阅读和写作的知识可能需要读者自学。

三、法律思维在论文写作中的体现

法学论文写作在以下几个方面都必须反映法律思维的要素，否则就很容易导致论文写作出现问题，甚至功亏一篑。

（一）构思环节

要想进行法学论文写作，首先我们要有个法学问题，围绕这个问题要给出前提充分的结论，即在开题的环节就要拿出自己还没有开始写作、尚处于构思环节的论文的论证框架——分析论证。一般情况下，我们作为导师是需要学生提供图 6-2 或者表 6-5 这样的论证结构的。

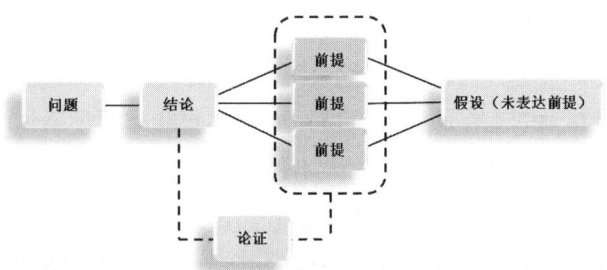

图 6-2　论证框架的构思

或者是:

表 6-5　论证框架的构思

实然(问题)	过程(论证)	应然(结论)
……	……	……

图 6-2 意在使写作者能够清晰地描述出其围绕问题是怎样得出了论据充分的结论的,该图迫使我们厘清存在于大脑中的各种信息之间的关系和界限,杜绝整体性思维和似是而非的思考。我们必须明确地将问题表述出来,清晰地向读者展示自己对于问题的总体结论,也就是解决办法是什么。更为重要的是我们需要向读者展示这个解决办法是怎

来的，即符合理论要求并经过推理和论证得出来的，而不是经过主观臆断想象出来的。在这幅图中，问题、结论、前提等要素必须紧密地结合在一起并在逻辑上实现自洽，任何逻辑上的瑕疵都会导致论证存在缺陷甚至无效，进而导致论文写作工作前功尽弃。并且一旦出现了逻辑问题，后续工作即便是按部就班地推进也没有任何意义，因为逻辑问题是致命的，必须调整好论证框架才能开始下一个环节。

表6-5意在使用另外一种方式帮助我们明白自己正在从事的工作是一个怎样的现实过程。在表6-5中，问题被解释成现状，是一个实然的东西；而我们想做的事情也就是结论是一个应然的东西。我们通过论文写作（即研究）其实是想实现将一个事物从实然状态过渡到应然状态。但是中间的"过程（论证）"要求我们必须从科学、本质和规律的角度揭示从实然到应然是如何过渡和实现的。同样，表6-5也要求实然、应然和过程在逻辑上是自洽的。

完成这样一幅分析论证的框架图之后，学生就可以开题了，开题的过程就是评论论证的过程，老师会围绕我们的前提是否为真、前提能否推出结论以及我们要研究的问题是不是一个真问题等问题要求我们进行答辩和解释。如果这次考核（开题）通过，就可以开始撰写自己的论文了。这是在论文的构思阶段体现的法律思维。

（二）最小论证单元的正文写作

论文的构思阶段属于偏宏观的阶段，这时候的法律思维体现在论文的架构上，也即别人在阅读我们的论文时读到批判性阅读的这个层次所要读出来的东西。在微观的写作层面也要遵循和体现法律思维。一篇论文有一个整体要解决的问题、结论和若干前提，从微观角度来看，要想解决整篇文章的宏观问题需要解决无数个微观的小问题。也就是说，论文写作是一个大的论证架构中嵌套着无数个小的论证结构，每一个最小的论证结构也都需要符合法律思维的要求。我们用一个例子来解释一下，这里面涉及了IBAC的写作结构。IBAC是指在最小的论证单元中帮助我们理清思路、完整表达论证要素并按照读者最容易理解的方式呈现写作内容的一种指导性写作结构。其中I（Issue）代表问题；B（Base）代表基础，也就是大前提、未表达前提等；A（Analysis）是指分析，也可以指代小前提；C（Conclusion）代表结论。从对 IBAC 结构的分析来看，它是符合上文强调的论证结构的，我们将论证结构和 IBAC 结合在一起用图 6-3 呈现出来。

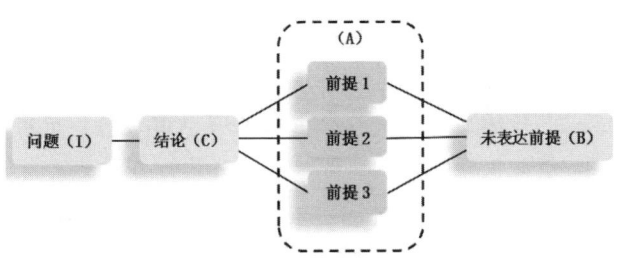

图 6-3　IBAC 写作结构与法律思维

我们先来看一篇示例，这是一篇学生交上来的论文初稿，论文题目为《外国仲裁裁决司法审查中的问题及对策研究》，本段落选自分析问题部分。这位学生意在指出外国仲裁裁决司法审查中存在问题（形式要件审查不完整、实质要件审查不统一）的其中一个原因是现有法律规定内容缺失。从论证上来看，这就是构成文章正文内容的一个最小的论证结构，学生提交上来的原文存在很多写作上的问题，条理不清晰，不太容易读懂。在我们用

IBAC规范思路和改写之后,思路就变得非常清晰了。

示例原文:

> 现有法律规定内容缺失。
>
> 从法律规定的内容中可以看出,其主要规制了外国仲裁裁决司法审查的形式要件,包括管辖法院、当事人应当提交的申请材料、申请承认执行的期间。而《纽约公约》中的七个拒绝承认执行的理由,我国法律中则鲜有涉及。唯一有所涉及的是《仲裁司法审查若干规定》第16条,该条规定了涉及《纽约公约》第5条第1款第(1)项时适用何种冲突规范确定仲裁协议效力应当适用的法律,但也仅仅涵盖了该项事由中很小的一个方面。因此,如何认定外国仲裁裁决是否符合《纽约公约》的相关标准,在我国法律中就处于真空状态,并没有哪个法律条文对此进行规制。

示例重构:

I句:现有法律规定内容缺失

B句:理论上,外国仲裁司法审查的内容包括如下几项：仲裁协议无效，未给予适当通知或未能提出申辩，仲裁庭超越权限，仲裁庭的组成和仲裁程序不当，裁决不具有约束力或已被撤销、停止执行等，同时还要满足争议属于可仲裁的事项以及不违反公共秩序等要求。实践中，《纽约公约》这个被全球广泛承认的涉及仲裁裁决承认的公约在其第5条中详细地规定了上述内容。

A句：相较之下，我国法律只规定了外国仲裁裁决司法审查的形式要件，包括管辖法院、当事人应当提交的申请材料、申请承认执行的期间。《纽约公约》中的七个拒绝承认执行的理由，我国法律中则鲜有涉及。唯一有所涉及的是《仲裁司法审查若干规定》第16条，该条规定了涉及《纽约公约》公约第5条第1款第（1）项时适用何种冲突规范确定仲裁协议效力应当适用的法律，但也仅仅涵盖了该项事由中很小的一个方面。

C句：因此，如何判断外国仲裁裁决是否符合《纽约公约》的相关标准，我国法律并没有相关规定。

以上，我们用一个特别小的论证单元的写作例子展示了IBAC写作框架对于写作的重要性，它能够很容易地将问题、结论、前提、未表达前提区分开来，并以一种有序的方式呈现出来。我们在表达的时候可以借助这种写作结构，使读者更容易理解和接受自己的观点。

这样，我们在写作这个环节，从构思和最小论证单元的IBAC写作两个方面向读者介绍清楚了法律思维是怎样渗透在写作的宏观和微观层面的。不包含法律思维的写作是不成功的写作，不符合法律思维的要素和要求的写作也是不合格的写作。还是需要提示读者，本书不是专门讲授阅读和写作的书籍，只是因为这两项内容涉及法律思维才将其列入其中。现实中，很多同学在阅读和写作中也遇到过很多困难，究其原因是法律思维在这两个领域没有得到很好的应用。但由于篇幅限制，本书只能简单地介绍阅读和写作与法律思维是怎样联系在一起的，希望读者能从法律思维的角度重新审视自己的阅读和写作活动，反思自己在阅读和写作中存在的问题。如果想要深入了解与阅读和写作有关的详细知识和技能，还请读者阅读笔者的另外两部著作《批判性思维与写作》《100天写出一篇论文——论文写作的本质及过程控制》。

此外,笔者还想指出的是,法律辩论中的法律思维与写作中的法律思维是一样的,只不过写作是书面表达,而辩论是口头表达,但它们的本质都是围绕一个问题发表观点、表明立场,这个过程就是——分析论证和评论论证。无论是辩论的哪一方,首先都需要对对方的观点进行分析论证,明白他们的结论是怎么来的,然后再进行评论论证,指出对方的错漏之处,这个过程是一个解构论证,在解构论证的基础之上,辩论的目的是建构自己的论证——证明自己的观点是成立的。所以,法律辩论的本质依旧是上文的解构论证和建构论证、分析论证和评论论证。法律辩论的底层也是法律思维,没有法律思维,法律辩论就只是一些散乱信息的堆砌。

第七章　法律思维的实操（3）
——日常生活

法律思维在日常生活中也有很多用处，可以用来解决很多日常的纷争。本书在这部分用两个日常的例子来解释法律思维在日常生活中也可以起到解决问题、定分止争的作用。

一、婆媳矛盾

我有一位邻居，有一天她跟我说，她的婆婆到她家来闹，说她没有尽到赡养义务，要把她告上法庭。我一听就笑了，就告诉我这位邻居，婆婆是告不赢的，告儿子还有可能赢。此处我们无意介入别人的家庭纠纷，也不用理解家庭矛盾是怎样产生的，单纯分析婆婆想要告儿媳妇不尽赡养义务这个想法是错的。即便婆婆对儿媳妇有什么不满意的，通过这种方式也无法实现她的目的。况且，有可能婆婆对儿媳妇也存在要求过高的情况，因为法律并没有规定儿媳妇对公婆负有赡养义务。

我们还是用表7-1来分析一下婆婆的思维模型。婆婆面临的问题是她认为儿媳妇对她没有尽到赡养义务，婆婆对此采取的策略是要将儿媳妇告到法庭，这么做的前提是她认为儿媳妇有赡养婆婆的义务。这样就构成了一个完整的论证，我们通过分析论证将这个思维过程呈现出来。

表7-1 婆婆的思维模型（分析论证）

问题	结论	前提
儿媳妇不赡养婆婆	婆婆到法院起诉请求法院判决儿媳妇履行赡养义务	儿媳妇有赡养婆婆的义务

那么，我们需要判断婆婆的这个观点有没有问题。经过查阅相关法律，我们发现《中华人民共和国老年人权益保障法》规定：赡养人是指老年人的子女以及其他依法负有赡养义务的人。赡养人的配偶应当协助赡养人履行赡养义务。可见，子女的配偶不属于赡养人的范畴，其所承担的仅仅是协助赡养义务，法律也没有规定儿媳妇对公婆、女婿对岳父母负有赡养义务。因此，即使婆婆起诉儿媳

妇，婆婆也会败诉，俗称告不赢。结合表 7-2，我们来分析一下婆婆为什么会败诉，问题出现在哪里。

表 7-2 婆婆的思维模型（评论论证）

分析论证			评论论证
问题	结论	前提	①前提不为真 ②前提推不出结论
儿媳妇不赡养婆婆	婆婆到法院起诉，请求法院判决儿媳妇履行赡养义务	儿媳妇有赡养婆婆的义务	法律没有规定儿媳妇有赡养义务，前提不为真

这个例子说明婆婆头脑中的法律观念是不正确的，也就是前提不为真，把不应当由儿媳妇承担的赡养义务强加给儿媳妇，这是道德绑架。举这个例子不是为了宣扬儿媳妇可以不管公婆，而是要捋清楚公婆和儿媳妇之间的本质关系是什么。对于公婆而言，自己的子女赡养自己是本分，子女的配偶赡养自己是情分。老人不能用"本分"来要挟儿媳妇或者女婿；如果子女的配偶对老人照顾有加，老人也不能心安理得地接受而不表示感谢——用东北话

讲就是要蒙情。因为从法律上讲,子女的配偶是没有赡养义务的。我们应该捋清楚两者之间的关系,这样就能避免生活中的很多纠纷。

二、姐姐要不要让着弟弟

有一天,我在单位午休的时候接到了大宝的电话。当天,大宝(姐姐)和二宝(弟弟)由于台风不上学,都待在奶奶家。吃午饭的时候,二人发生了争执。起因是奶奶分给大宝、二宝每人均等的零食,但是二宝很快就吃光了,并且执意要大宝的。大宝不给,奶奶就加入了劝说大宝的阵营,跟大宝说:"你是姐姐,你要让着弟弟。" 就因为这句话,大宝直接崩溃了,在家大哭大叫,奶奶也哄不了,就让她给我打电话,于是发生了刚开始那一幕。大宝边哭边向我控诉,说奶奶偏心,跟弟弟合起伙来欺负她。请问,如果你是一位妈妈,你要怎么向大宝解释其中的道理并教会她以后该怎么处理类似的事情?这里面也涉及一些法律思维。

我们首先来把奶奶的观点做一下分析论证,然后再做评论论证。先锁定奶奶要解决的问题是什么——大宝要不要让着二宝;奶奶的结论是——大宝要让着二宝；奶奶的前提是——大宝是姐姐，姐姐就得有个姐姐样，必须让着弟弟，如表7-3所示。

表 7-3 对奶奶观点的分析论证

问题	结论	前提	未表达前提
大宝要不要让着二宝？	大宝要让着二宝	大宝是姐姐,姐姐就得有个姐姐样,哪怕大宝不乐意也不行	姐姐这个身份要大于"大宝自己"这个身份

从表7-3中可以看出，奶奶是主张姐姐一定要让着弟弟的，这背后的深层次原因，即未表达前提——在奶奶心目中，姐姐怎么想不重要，因为是姐姐就必须让着弟弟。所以，我们能看到，奶奶的未表达前提是——大宝有两个身份，即"二宝的姐姐"和"大宝自己"，这两个身份中"姐姐"这个身份要大于"大宝自己"这个身份。对于这个结论以及这个结论背后的前提和未表达前提，大宝是不认同的，但是无奈没有分析能力，所以打电话求助我。

想验证奶奶的结论是否正确，我们要做两件事情——判断前提是否为真、前提能否推出结论，即评论论证。我们之前提及，前提能否推出结论要看未表达前提——"姐姐"这个身份大于"大宝自己"这个身份是否成立。那我们接下来就分析一下奶奶的未表达前提是否成立。

接受过法律基本教育的人都知道，人人都是平等的，法律平等地保护每个人的基本权利。也就是说，从法律的角度①来看，大宝和二宝都是孩子，都是平等的主体。但现实中，大宝确实有两个身份——"自己"和"二宝的姐姐"。这两个身份哪个是更重要的呢？哪个身份从法律②角度来看是排在前面的呢？——大宝自己。也就是说，从最为正常和理性的角度来看——"大宝自己"这个身份是排在"姐姐"这个身份之前的。那么什么时候"姐姐"这个身份是排在"大宝自己"这个身份之前的呢？从感性（情感、道德等）的角度来看，人们更倾向于把"姐姐"这个身份排在"大宝自己"这个身份之前。那么，当法律的排序和感性（情

---

① 从实际生活中来看，很多人不从法律角度考虑问题，这恰巧是人们之间矛盾的根源。
② 法律是人和人之间最基本的规范，是具有强制力的。如果别人不愿意，是不能强迫的。

感、道德）的排序发生冲突的时候，应当以谁为准？——以法律为准。对，你没听错，理性的观点，也是客观事实——做自己是正常的，也是常识。但必须强调的是法律保护的权利可以被放弃。什么意思？意思是说如果大宝选择"做自己"，把"姐姐"的身份排在后面，这是受法律保护的，任何人不能强迫。但是如果大宝放弃"做自己"，法律予以尊重，这是大宝深思熟虑之后自愿选择了照顾弟弟，她把"姐姐"这个身份排在了"自己"前面。但是，这么做一定得是大宝自愿的，而不是受到外界的强迫，如果有外在的强迫，这就属于情感绑架或者道德绑架。

或者我们再用事实判断和价值判断来重新分析上文提及的法律（理性）角度和感性角度。事实判断是指一件事情的客观实际情况是怎样的；价值判断是指我们在一件事情的客观实际情况上作出怎样的选择。为什么要区分事实判断和价值判断，原因在于事实判断只有唯一正确的结果，而价值判断取决于个人的选择，并没有唯一正确的结果，即无所谓好坏，但价值判断要求个人承担结果。也就是说，一个人作出价值判断之后，自己得认，不能既

第七章 法律思维的实操（3）

要又要。用一个生活的例子来说明，我穿了一件蓝色的衣服，这件衣服是蓝色的是事实判断，只要不是有问题的人都能作出这样一个事实判断，这是有唯一正确答案的判断。价值判断是这个颜色的衣服好不好看，我认为好看，张三可能认为不好看，这些都是价值判断。价值判断因人而异，它的原则是自己要对自己的选择负责，即我不能自己选择了穿蓝色的衣服，又在别人评价不好看之后开始后悔，这就是既要又要——既要按自己的喜好穿衣服，又希望得到别人的认可。

说回上文提到的这个奶奶和大宝之间的纠纷，事实判断是法律判断[①]，"大宝自己"这个身份排在"姐姐"这个身份之前，这是事实判断[②]。也就是说，只要大宝自己不愿意，谁也没有权利强迫她，法律也不会支持，大宝的权利受到法律保护。价值判断是在事实判断基础上的个人选择，在这个案例中，大宝可以选择放弃自己的权利，即自己将"姐姐"这个身份排在"大宝自己"这个身份之前。

[①] 因为法律是客观事实，法律规定的事情全体人民一体遵行。
[②] 也许有人不懂法，作不出这个判断，但不影响这是一个事实判断，只要诉诸法庭，法庭会支持这个主张，最终会有一个定论。

但要知道这是大宝自己所作的价值判断，也即大宝自己主动放弃自己的权利，作出了价值选择，这也是法律允许的，但前提是她自己主动、愿意这么做，别人没有权力干涉和胁迫她这么做，我们用表7-4来展示一下。

表7-4　法律思维与非法律思维

法律（理性）判断	感性（情感道德）判断
事实判断	价值判断
"大宝自己">"姐姐"身份	"姐姐"身份>"大宝自己"
法律规定，具有强制性，最本质的排序	自己选择，自己愿意，自己承担结果

从表7-4我们能看出，表7-3中奶奶的未表达前提是错的，因为从法律角度（也是全社会共同的准则①）来判断，奶奶没有权利强迫大宝，奶奶违背了法律常识，即"大宝自己"也是一个主体，这个身份是排在（且受法律认可）"姐姐"这个身份之前的。所以，奶奶的观点是错的，我们用表7-5来呈现一下。

---

①　可惜，绝大多数人都意识不到，并始终在日常生活中用情感和道德绑架家庭成员。

表 7-5　对奶奶观点的评论论证

分析论证				评论论证
问题	结论	前提	未表达前提	①前提不为真 ②前提推不出结论
大宝要不要让着二宝？	大宝要让着二宝	大宝是姐姐，姐姐就得有个姐姐样，哪怕大宝不乐意也不行	"姐姐"这个身份要大于"大宝自己"这个身份	未表达前提不为真，前提推不出结论

那么，我们是不是跟大宝说这个问题是奶奶处理得不对就结束了呢？不，我们还可以进一步跟大宝普及法律思维及其对个人行为的指导，争取让大宝对此类事件形成一个普遍的处理原则，当再度遇到这类情况时能够坦然面对。大宝年纪还小，很多事情不会处理，所以在给我打电话的时候采取的是比较感性的处理方式——控诉。但其实我们可以教会孩子用理性的方式处理类似的事情。我跟大宝说，我们很难改变别人，包括自己的亲人，比如奶奶。所以，一旦我们面临矛盾或者冲突，我们首先要分析客观事实是什么，先作事实判断；然后在事实判断基础上再根据个人的真实想法作出价值判

断,作出个人的价值判断之后自己承担结果。①

那么,在奶奶要求大宝让着弟弟这个场景中,我需要跟大宝解释。首先要让大宝知道,我们自己是一个独立的个体,我们是有权利做自己的,但是这种真实自我(即"大宝自己"排在"姐姐"这个身份之前)的实现有时候是需要自己捍卫的,因为不是每个人都有理性思维(此处就是法律思维),即有些人会不自觉、下意识地启动自己的感性思维。在这种情况下,我们不要被别人的感性思维干扰,要理性地识别出所面临场景的"客观真实"是什么,即能够作出事实判断。这种事实判断就是认知,能够认识到"真相"的能力。如果你不想受别人影响,按照别人希望的、不符合客观真实的观点行事,那你就要有勇气拒绝,并且从心底里

---

① 青少年在学习过程中经常会遇到类似孔融让梨的故事,歌颂人的美好品德,这与我们所介绍的法律思维和感性思维也是吻合的。我们在学习的时候一定要辨别出来,孔融让梨说的是价值判断,不是事实判断。价值判断可以提倡,但是不可以强制要求别人必须这么做,否则就是道德绑架。一个法治社会,首先要尊重和保障法律赋予每个人的最基本的权利,在这个基础之上,才能激发人从事利他价值判断的行为。否则就会变成强者胁迫弱者、父母胁迫孩子作出违心的决定,孩子也只能被培养出委屈和仇恨的情感,并不能真正被激发出利他的行为动机。

不会有愧疚感（尤其是让亲人失望而引发的负面情绪），要发自内心地认为自己在捍卫自己的权利，这没有什么，这是正当的。

如果你打算按照别人的"观点"行事，那也请你认识到你原本是有权利的，你是一个独立的主体，只不过你是出于自己的意愿放弃自己的权利，打算做出利他行为。这种放弃一定是出于个人意愿，而不是出于他人强迫，否则行为的性质就不是自发的利他行为，就变成了情感绑架或者道德绑架。所以，想成为自己，或者年轻人口中的"做自己"是需要有认知能力和勇气的。认知能力是指我能认识到我所面临的事件或者场景的"客观真实"是什么，即能作出事实判断。勇气是指在认识到客观真实的基础上还要敢于拒绝别人的情感绑架或者道德绑架。我们如果想要做出利他行为就一定是发自内心的，而不是由于不好意思拒绝别人而产生的被迫行为，这样会心有不甘，久而久之就会产生新的人和人之间的矛盾。

通过这个例子，我们将一件日常小事中的法律思维拆解开来，我们会发现法律思维是一种普世性思维，也是一种最为理性的思维，如果日常生活中每个人都能用法律思维规范自己的言行，人和人之间的矛盾就会少很多。青少年一定要多接受法律思维的熏陶和训练，这样不仅能让自己明辨是非，独立思考，还能捍卫自己的权利，在精神上塑造独立的人格。

法律思维在生活中的应用非常广泛，这是因为法律本身就是社会运行的底层原理，是全体公民必须遵守的行为准则，对人们的日常生活具有非常强的指导作用。法治社会一直重视普法工作，为的是提升公民的法律素养，使其学会用法律思维处理日常关系，这样就会减少很多社会矛盾，也能降低社会治理成本。

第八章　法律思维的实操（4）
——AI 与职业发展

实际上，本书在介绍完法律思维的具体应用场景之后就可以结束了。但是考虑到目前整个社会都面临人工智能的挑战，教育行业也不例外，并且在人工智能的带动下，教育正在经历转型，即从传统的以知识传递为主且极易被擅长知识存储的 AI 取代的阶段转型到能驾驭 AI，实现思维培养的阶段。在这个转型过程中，对法律人而言，仅具有法律知识已经不能满足时代需求，会在 AI 面前显得力不从心，法律思维的培养就具有了时代意义。本部分先介绍一下 AI 给传统法学教育和法律人带来的冲击，然后分析法律思维能够帮助法律人走出被 AI 取代的危机并实现对传统法学教育的升维，最后介绍一下法律人如何在未来的职业发展中使用 AI 提高工作效率并根据时代的发展调整职业发展路径。

一、传统法学教育的特点及来自 AI 的挑战

(一) 传统法学教育的特点

中国高等教育发展的特点之一是移植和杂糅,法学教育也不例外,这也是近代中国历史的一个缩影。自中日甲午战争后,中国开始兴起向西方学习的思潮并兴办各类学堂。当时,中国学习的对象很笼统,主要是英、德、法、美等国家。1898年,梁启超参照日本东京大学的规程主持制定了《京师大学堂章程》,确立了中国高等教育初期的日本模式。20世纪20年代,蔡元培提出了"仿德国大学制"的理念,并在该理念指导下制定了《大学令》,于其治下的北京大学开始实施。与此同时,在留美归国教育博士郭秉文的主持下,国立东南大学建立起一套集基础研究与应用研究于一体,从管理体制、系科设置、课程内容到经费筹措等全方面学习、借鉴美国高等教育模式的高教体制。中华人民共和国成立后,鉴于当时的历史环境,我们又开始了全面学习和照搬苏联课程体系的过程。随着1961年《中华人民共和国教育部直属高等学校暂行工作条例(草案)》(以下简称《高

第八章 法律思维的实操（4）

教60条》）、1985年5月《关于教育体制改革的决定》以及1998年8月《中华人民共和国高等教育法》的陆续出台，中国逐步构建起自己的高等教育体系。虽然经历了近百年的发展，杂糅了各个国家的高等教育模式，中国的这套教育体系从教育内容上来看，仍然是以"知识传递"为核心构建起来的（各学科均是如此，法学也不例外）。之前社会上流传的"知识就是力量""学校是学习知识的地方"等公共认知观念都能反映出中国高等教育体制的特点。

全国的法学院校基本上都是通过理论课和实践课完成法律人才培养的。其中实践课包含实习、实训（如模拟法庭）等，占有一定的课时量。但是中国目前的实践课更多的是只有课型，课程内容体系（教学内容）并不完善，无论是实习还是模拟法庭，基本上都是学生组织在自发运作，能从中学习到什么因人而异。更重要的一部分法律学习来自理论课，而且课业也很重。所有的法学院校都要开设教育部制定的核心课[①]，除此之外还会根据本校的

[①] 法学专业核心课程采取"10+X"分类设置模式。"10"指法学专业学生必须完成的10门专业必修课程，包括：法理学、宪法学、中国法律史、刑法学、民法学、刑事诉讼法学、民事（转下页）

人才培养特色开设一些选修课,比如武汉大学法学院国际法领域的选修课就比较丰富。公安类院校还会根据自身需要开设禁毒学、射击、警察查缉战术、自卫擒敌、狱政管理等课程。

上课是法学生大学生涯中的主要任务,不仅因为学校有学分要求,还因为法学的课程很多。上课的形式基本上以传统的讲授式为主,即老师在讲台上讲,学生在下面听。按照布鲁姆的认知分类理论,这考查的是学生的记忆能力,即上课主要用来传递法律知识,即便有一些老师会将一些案例融入教学中,但这并没有改变法学本科生培养的第一要义——教给学生一套完整的知识体系。期末考试基本就是一张卷,虽然其中会有案例分析,但主要内容还是在考查学生对课堂教学知识的掌握情况,根据布鲁姆的认知分类理论,这考查的是学生的理解能力。曾经也有一些

(接上页)诉讼法学、行政法与行政诉讼法学、国际法学、法律职业伦理。"X"指各高校根据办学特色开设的其他专业必修课程,包括:经济法学、知识产权法学、商法学、国际私法学、国际经济法学、环境资源法学、劳动与社会保障法学、证据法学、财税法学,"X"课程设置门数原则上不少于5门。

第八章　法律思维的实操（4）

老师因为试卷颇具难度上了热搜，但从全国700余所法学院校的整体培养情况来看，试卷内容考查的基本就是对知识的记忆和理解，少数案例分析也是用来辅助理解知识点的。

课堂授课的主要任务就是传递知识，没有办法培养法律思维。思维的培养必须进行小班授课，必须以问题为导向，让学生以小组的形式讨论并针对问题提供解决方案。这样的课堂必定是高成本的，一方面对老师的要求提高了，授课教师必须具有法律思维并且能将法律思维融入日常教学中，在上课的过程中必须以问题为导向，比如设计案例，让学生分步骤提供前提和结论，进行分析论证和评论论证，这对老师的要求是相当高的；另一方面让学生深度参与每个授课环节而不是像在讲授式的课堂上那样被动接受知识，这就意味着课堂的节奏会很慢，授课进度就很难保障。很多原因决定了法学教育（即便有一些院校有个别举动让人感觉是在向思维培养方向努力）目前只能停留在知识传递的低效、低阶层面，不具备思维教育的硬件（课时、教室、线上线下资源积累）和软件（教师教学能力和自身是否具有法律思维①以及能否将思维通过教学设计融入课堂）。虽然，法学教育界（甚至高等教育学界）已经明显感受到了来自 AI 的挑战，但是高等教育多年的传统、现有的师资力量、评价体系以及对法律思维的理解和研究都决定了现有的法学教育很难在短时间内完成从知识传授到思维培养（能力培养②）的转变。

（二）法律人职业状态以及来自 AI 的挑战

如上文所述，当迈入法学院校的大门之后，我

---

① 我们有理由怀疑教师是欠缺法律思维能力的。一方面，教师也脱胎于传统法学教育，也没有经历过系统、全面的法律思维训练，虽然后续经过日积月累的讲课和自我研习具备一些法律思维，但是这种法律思维仅停留在意识层面，不成体系甚至无法言说。藏在教师头脑中的法律思维可以让教师自己深受其益，具有运用法律知识解决法律问题的意识和能力。但是，将这种无法言说且不成体系的法律思维复制、传递给学生是另外一回事。由于很多教师对法律思维的认知也停留在感性、经验的层面，没有形成一套完整的知识体系和话语体系，致使法律思维很难由这些具备一定法律思维能力的教师传递给学生。另一方面，教师本身也没有太多的动力发展这项技能以及将这项技能传递给学生。大学教师承担两项基本的职能——科研和教学，在现行的大学运行逻辑范畴内，科研的评价权重远高于教学，大学教师不会因为没有在教学中培养学生的法律思维而受到任何责罚，科研能力跟不上可能带来的后果却是立竿见影和具有深远影响的。

② 上文指出法律思维与所有法律人期待的能力培养有关。

们接受的是一套完整的法学知识体系的教育，这套知识体系的长处在于它的体系性和完备性，短处在于它是知识体系，不是知识图谱，学生学到了大量的知识（按学科内部逻辑排列整齐），但就是不会用所学的知识解决问题。解决问题的（法律思维）能力交由学生在学校学习过程中或在实践摸索中自发形成。所谓"自发"，就是其能否形成以及形成多少全凭学习者自身的素质。法学教育对这部分贡献不多，甚至没有提供太多清晰的思路。这种教育方式之所以能够一直持续多年，一方面是当时法学院校数量不多，培养的学生数量很少；另一方面是在当时的经济社会环境下，无论法学院培养出什么样的学生，社会都能照单全收，并且有足够的耐性和包容度等待法律人在实践中①慢慢养成法律思维。即便法律人没有法律思维，也总有一些低层次的业务留给他们处理。

---

① 为什么是在实践中慢慢养成法律思维？因为实践中都是以问题为导向的，法律人面临的都是法律矛盾和纠纷，必须学会解决它们，然后在解决这些矛盾和纠纷的过程中，法律思维逐渐被养成。

然而,随着法学院校不断增加①,法学院能向社会输送的法律人数量也不断地增加,即便不考虑各类型法学院校在人才培养上的差异,经过几十年的发展,社会对法律人的需求也发生了变化。低层次的法律工作岗位已经接近饱和,高层次的法律工作岗位却乏人可用,这是法律用人市场的内部结构性失调。如图 8-1 所展示的布鲁姆教育目标分类,高层次的法律工作岗位一般与法律的高阶技能有关,即高阶认知,低层次的法律工作岗位一般与低阶认知有关。

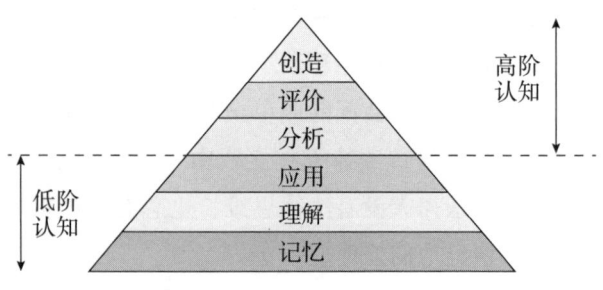

图 8-1　布鲁姆教育目标分类②

---

① 笔者在 20 世纪 90 年代进入"五院四系"中的吉林大学法学院读书的时候,全国能招收法学生的院校只有 14 所,但现在有 600 多所。
② 也被称为"布鲁姆认知金字塔"。

第八章 法律思维的实操（4）

随着 ChatGPT 在 2023 年春天的横空出世及不断迭代，以人工智能为代表的第四次工业革命正式拉开帷幕。如果说前三次工业革命替代的是人类的体力，以人工智能为代表的第四次工业革命替代的则是人类的"轻脑力"，这个"轻脑力"基本与布鲁姆认知分类的低阶认知吻合，即人工智能能轻松掌握全部法律知识，甚至还能作简单的分析和应用。相较之下，法学生则需要在法学院经过 4~7 年甚至更长时间的学习才能完成这些知识的输入。更为不幸的是，法学生在法学院训练的那些对知识进行记忆和理解的技能在人工智能面前毫无优势。一时间，人工智能将取代一般的法律工作者的言论甚嚣尘上，法律人人人自危。这种担忧不无道理，因为人工智能确实在记忆、理解和对简单、常规案件的处理上表现得要比法学生好很多，甚至要比年轻的律师考虑得更周全。就连在上文提及的论文写作层面，AI 比一般大学生的表现都要好很多。

但这种情况不能说明 AI 就势必会取代所有的法律人，只能说明我们的法学教育长期在布鲁姆所说的低阶认知层面培养法律人。如果法律人不想在未来被 AI 取代，就必须思考 AI 擅长什么，我们如何提升自己的认知能力来驾驭AI以提升工作效率,而不是天天活在被AI取代的恐惧中,这是教育问题,也是本书所说的法律思维的培养问题。

总结一下,传统的以知识传递为主的法学教育走到了时代的尽头,再加上擅长知识存储和简单应用①的人工智能的冲击,使得传统知识类的法学教育和人才培养模式的优势受到了挑战。法律人和传统法学教育被逼到了墙角,必须在提升法学教育和人才培养能力与被AI取代中作出选择,失败的人和学校一定会被时代抛弃。所以,摆在法律人面前的是,不能仅满足于传统法学教育提供的知识灌输,而是要实现高阶认知——法律思维的突破。

二、法律思维对法学教育的升维

将侧重知识传递的传统法学教育快速升维到能对抗AI挑战的最便捷、最高效和成本最低的方式,就是将法律思维培养融入现有的教育体系,理

---

① 简单应用是指不涉及创新,不涉及知识生产。传统教育的困境也在于缺乏创新性人才的培养路径,所以培养了大量的貌似很容易受到AI威胁的法律人。

想的类型是单独开设法律思维的课程①以及将法律思维培养融入各门法律课程的教学②之中。这样不仅能继续保持传统法学教育的长项——能给学生提供完备的知识体系,还能融入法律思维的优势——使用法律知识解决问题,并在解决问题中熟练掌握分析论证、评论论证等技能。

说回法律思维本身,我们曾在上文提及法律思维的三个精髓:①法律思维是指用法律知识解决法律问题从而得到解决方案,它的要素包括问题、结论和前提。②法律思维中最为实用的技能是分析论证和评论论证,任何场景都离不开这两种技能,我们需要学会将我们所面对的场景做成分析论证和评论论证的表格,把法律思维可视化。③能够进行分析论证和评论论证的前提是法律人对语言文字的理解能力和处理能力没问题,有些人知道分析论证和

---

① 有的学院确实开设了法律思维课程,但这类法律思维或者法律方法课程仍然没有揭示法律思维的本质,是一种类似法学理论的探讨。

② 这部分是指充分发挥教师教学发展中心的职能,引导教师对自己的课堂进行改革,采用线上线下相结合的混合式教学模式,将知识类学习放在线上,释放课堂空间给思维培养所需要的问题导向、小组讨论、分析论证和评论论证等教学活动。

评论论证的重要性，但是他们的语言不准确，不能准确地将信息提取出来填写到分析论证和评论论证的表格里。法律人的语言文字能力是最容易被忽略的，他们通常认为自己在这方面没问题，但事实上，这部分存在的问题很大。这三个方面——解决问题、逻辑能力以及语言能力都是我们目前法学教育的短板。

首先，法律思维强调解决问题，这与传统法学教育强调知识体系有所不同。法律思维强调将现行法学教育传递的知识体系应用到实际问题的解决中。虽然目前的法学教育也一直在强调思维的培养、能力的培养以及创新型人才的培养，但是我们要看到这种愿望和实际情况之间的差距。真实的情况是，一方面，法律人期待的所有能力都必须放在思维培养的场景中才能实现。例如，什么是解决问题的能力？怎样培养它？必须借助法律思维——问题、结论、前提三要素，法律人才能看到书本上的法律知识是怎样变成前提的，如果这个前提是法律人尚未掌握的知识，还会激发法律人的内驱力使其去自学这部分知识。在解决问题的过程中，如果法律人发现单凭自己是无法解决问题的，那么他就会

第八章 法律思维的实操（4）

寻找合作伙伴，这样团队协作的能力也就得到培养和锻炼了。如果法律人在解决问题的环节生产出了新知识，那么创新能力也就产生了。所以，法律人声称的所有专业能力都必须在法律思维的三要素——问题、结论、前提中才能得到落实。但另一方面，法学院的课堂主要还是围绕知识传递展开，各种原因导致我们与思维培养之间还有相当长的一段距离。

必须注意的是，目前的法学教育提供给法律人的一整套知识体系即便是完整的，也是不能被拿来直接用的。具体原因，本书在上文知识体系和知识图谱的部分已经解释过了。教科书上的法学知识是按照知识本身的性质进行排列的，有点像我们的衣橱，衣服是按照性质进行收纳的。但是实践中，被用于解决问题的知识绝对不是按照教科书上知识排列的顺序和逻辑被使用的，也就像我们衣橱里的服装在具体的场景中还是需要被挑选出来进行搭配的（即穿搭）。所以，不要认为法律人拥有了一套知识体系就拥有了解决问题的大前提，大前提是在知识体系的基础上根据实际情况被一步一步总结和提炼出来的。① 总之，现实中知识的载体——大前提与课堂上学习的知识的载体——教科书逻辑是不一样的。在强调问题这个环节，法律思维的培养就已经完胜着重强调知识的记忆和理解的传统教育了，因为根据布鲁姆的认知分类理论，解决问题已经涉及应用以上的认知了——起码到了第三层。

其次，法律思维强调逻辑，尤其是论证，具体而言就是分析论证和评论论证、解构论证和建构论证。当然，这只是论证的微观方面的知识，论证在宏观上还包括论证的类型、论证的各种谬误以及论证的语言要求，这些都属于逻辑学的内容。黑格尔曾说："逻辑是一切思考的基础。"这是思维培养必备的内容。然而我国的逻辑学教育却不尽如人意，甚至一直在退步。

在晚清、民国时期，传统逻辑系统传入中国，教育界就把逻辑学纳入正规课程之中。金岳霖在清华大学开课讲现代逻辑（数理逻辑），梁启超、王国维、陈寅恪、冯友兰、熊十力、胡适等学术名家，亦将逻辑学深入应用到自己的研究领域。20世

---

① 这部分参见第四章大前提断言的形成。

纪30年代,苏联开启了对逻辑学的大批判,勒令大、中学校取消逻辑课。一批受苏联影响极深的知识分子,如艾思奇等人宣称要用"辩证法"来打倒逻辑学。这场批判虽然声势浩大,但并未能撼动逻辑学在大、中学校课程中的地位。

20世纪50年代、60年代,国内的逻辑教学两次遭受重创。其一是苏联于1946年11月作出《关于在中学校里讲授逻辑和心理学》的决议,结论认为:每一社会经济形态都有与自己相适应的逻辑,苏联必须创造出一种特殊的、"苏维埃的"逻辑。20世纪50年代,中国大、中学校所教授的逻辑课内容,深受苏联影响。据北京大学哲学系教授、中国逻辑学会理事宋文坚回忆:"新中国成立后学习苏联逻辑,则是在我国已有逻辑研究和教学成果上的全面大倒退。受害最为严重的是我国大学的逻辑课程。"其二是20世纪60年代,"十年动乱"中,逻辑学再遭重创。社科院哲学所副所长倪鼎夫回忆:"逻辑科学是重灾区之一。逻辑研究机构和大学的逻辑教研室(组)被撤销了,学校里逻辑课取消了,专业队伍解散了……"就这样,逻辑学在中国高校的教育体系中逐渐消亡。①

20世纪80年代至今，短暂复苏后，逻辑课再度形同虚设。1978年，第一次全国逻辑学讨论会召开；1979年，中国逻辑学会成立。1981年，教育学家张志公撰文，呼吁"中学生应该学点逻辑"。鉴于教材、师资匮乏，张志公建议："在中学普遍开设逻辑课显然是不可能的……由语文学科明确地把逻辑训练和简要的逻辑知识的教学任务承担起来，是可取的。"类似的呼吁很多，也有一些效果。比如，高中语文课本确实一度增加了一些与语言运用、思维表达相关的逻辑基础知识。但1988年，中学语文教材再次删除了有关逻辑学的教学内容，一些"专家学者"进而又提议取消师范院校课程中的逻辑学。进入20世纪90年代，情况变得更为糟糕。在很多大学，逻辑学从必修课变成了可有可无的选修课——最典型者，莫过于从1998年起，逻辑学被从汉语言文学专业（师范类）的专业基础课程中踢了出去。

---

① 参见《逻辑学在中国的消亡》，载https：//zhuanlan.zhihu.com/p/710747729，访问时间：2024年10月5日。

第八章 法律思维的实操（4）

时至今日，这种情况也未见改观。逻辑常识教育缺席数十年，社会已呈现出思维病态。没有逻辑思维，人们日渐养成背离逻辑的交流方式——诉诸情感，诉诸传统，诉诸暴力，故意歪曲别人的观点，用攻击取代说理，用特例为自己的错误开脱……社交媒体上的键盘侠就是例证，很多公共话题的讨论，也因参与者缺乏基本的逻辑常识，常沦为无意义的互撕"口水战"。

上文简单介绍了中国逻辑学教育的历史，同时强调法律思维无法脱离微观的论证知识，如分析论证和评论论证。细心的读者可能已经发现了，分析论证中的"分析"与评论论证中的"评论"对应的就是布鲁姆认知金字塔的高阶认知中的——分析和评价。因此，法律思维着重培养的高阶认知，正是AI目前无法精准掌握的分析和评价能力，这也是目前注重知识传递的传统法学教育无法实现的高阶能力培养。在具备分析和评价能力的基础上，再结合上文介绍的法律思维对解决问题的关注，法律人才有可能在解决问题的过程中生产出新知识，即创新能力，拥有生产新知识能力的人被称为创新型人才。所以，无论是布鲁姆认知金字塔中的高阶认知——分析、评价和创造,还是现实中法律人关注的所有专业能力——解决问题能力、实践能力、创新能力等,都必须通过法律思维的培养才能实现。

最后,法律思维强调语言。维特根斯坦曾经说过,语言的边界就是世界的边界。语言不仅是思维的载体,也是人所接受的教育的载体。大学已经不再像中小学那样一直在强调语言的阅读与理解、写作与表达,而是将全部精力放在知识的学习上。但是,我们试想一下,在实践中,任何一个法律人若想将其学过的知识以及自身的能力展现出来,就必须借助一套体系,这套体系就是语言体系。我们跟当事人沟通需要口头语言,我们向法庭提交各种材料需要书面语言,如果缺少了语言这个载体,我们的专业能力就无法呈现出来。相对于思维而言,语言具有相对独立性。一方面,语言是否清晰取决于思维是否清晰,如果一个人的脑子不清晰,那么他的语言一定是不清晰的。所以,当我们看到一个语无伦次、抓不住重点、说话不着边际的人时,就可以断定他的脑子一定是乱的,没有清晰的思维。另一方面,语言具有相对的独立性,一个人脑子清晰但是语言能力不行的话,也没有办法用语言呈现自己的真实意思,我们将语言的这部分特性称为——语言本能。语言本能是可以练习的,靠"表达"吃饭的人——教师、相声演员等,除了要有自身的专业知识积累之外,嘴皮子还必须利索。我在上大学的时候,每天清晨,在湖边都会遇到很多播音主持专业的同学在练习发声。语言是有本能的,语言也受到词汇量的束缚,这些都是需要单独练习的语言能力。但可惜,除了少数播音主持专业的学生具有练习语言本能的意识之外,其余专业的大学生的口头和书面语言能力都被忽略了。最主要的是,大学生这方面的能力还很差。

综上,法律思维强调解决问题、强调逻辑、强调个人语言能力,并且为培养上述能力提供了具体路径。这不仅对于传统的法学教育转型具有至关重要的作用,还对 AI 时代如何提升法律人的能力以更好地适应时代发展具有深远的意义。这部分在上文的法律思维要素、解决问题的步骤、分析论证和评论论证等环节都已经详细介绍过了,不再赘述。

三、法律思维与 AI 共生的职场形态

不管法律人是接纳还是排斥,AI 都已经势不可

挡地进入法律人的日常工作和生活中了。在法院，我们能看到AI开始指导当事人填写各种表格、指引立案、缴费等各种工作。在律所，由AI充当的前台不仅情绪稳定、不请假，还能对当事人的常规化问题进行标准的反馈与答复。在法律人的电脑、手机（APP）及其配件（如鼠标）里，数十种大数据模型随时待命，为法律人提供各类服务，如法律检索、范本合同示例、法律意见咨询、审判意见汇总、类案分析、文案撰写、合同起草、PPT制作、汇报提纲草拟、通知撰写思路、活动流程、会议议程设计……

法律工作的复杂性决定了若想实现高效工作，法律人需要将一部分基础性工作外包，即由各种助理（法官助理、律师助理等）完成相应的基础性工作。这在客观上将法律人团队从内部划分成不同的层次，有负责完成法律检索等基础性工作的法律人，也有确定诉讼策略、最大化实现客户需求的法律人。但是AI的出现，打破了法律人团队内部的原有结构，原本需要由人来完成的基础性工作，变为由AI来高效完成，AI还能做到随叫随到，并且在语料库非常丰富和完整的情况下，AI往往比人的

第八章 法律思维的实操（4）

效率更高、完成度更好。这就逼迫原来在团队中依靠基础性工作生存的法律人进行升级，如果不升级就只能被团队淘汰。能使用 AI 的法律人一定是具备法律思维的人，同时也是一个擅长与 AI 进行沟通、知道 AI 工作局限性的人。无论是现在，还是在可预见的遥远未来，AI 在处理法律事务方面，都存在着一些需要特别注意的事项与适用边界。

（1）AI 擅长处理的是知识类的、可重复的事项，它并不能（很好地）处理我们上文所说的非常专业的分析、评论事项，更不要期待 AI 能生产出新的知识。AI 不能写论文①，之所以网传 AI 撰写的论文比学生自己写得好，那是因为学生写得太差了。AI 不能写出非常有见地和深度的专业学术论文，因为学术论文意味着生产新知识，AI 没有这项功能，所以理论上用 AI 撰写生产新知识的工作都没有意义，都涉嫌剽窃或作假。目前市面上有很多人撰

---

① 可以从事一些辅助性的工作，例如文献检索和文献阅读。但是从专业角度来看，使用者必须评估文献检索的质量，因为 AI 有可能造假和虚构。在文献阅读方面，AI 的表现并不尽如人意，距离专业的检视性阅读和批判性阅读很远，当然，由于学生的阅读能力也不理想，所以 AI 阅读能力不行这件事情也没有太引起人们的关注。但是，从专业人士的角度来看，其阅读水平堪忧，建议慎用。

写了AI辅助论文写作方面的书籍，笔者翻阅后认为都有触碰学术底线的嫌疑。AI没有办法完成原创性的知识生产，如果写作者连自己要写什么、什么逻辑、什么构思以及最终形成什么观点都交给AI，这样的论文写出来就是触碰学术底线的。即便我们不使用AI去做知识生产方面的事情，AI在检索分析既有知识和信息方面的工作也需要使用者的评估①，我们不能放任AI，无论它提供给我们什么我们都深信不疑，那样有可能引发灾难性的后果。一句话，法律人可以用AI检索所有现存的知识类的、信息类的内容，但涉及加工、分析、评价和创新的内容请留神，它做得可能特别离谱，都不是对不对的问题了。

（2）AI对法律人布置的任务能完成到什么程度取决于AI相应的语料库充实到什么程度，以及人机互动的质量。虽然以ChatGPT为代表的人工智能的每一次升级都会大规模地丰富和充实其语料库，但是AI掌握的语料和人们实际工作生活中的真实语料

---

① 要用到我们上文提及的分析论证和评论论证，要判断AI提供的前提是否为真以及前提能否推出结论。

第八章 法律思维的实操（4）

存在巨大的差距，越是专业、少人问津的领域越是如此。笔者曾经询问过 AI 非常专业的、有关中国教育的政策问题，如课程思政、"四新"建设等。AI 的回答非常肤浅和笼统，这说明 AI 的这部分语料库非常有限。使用者要评估自己需要 AI 辅助的事项是否有充实的语料库，这种语料到底有没有被完整且准确地投喂给 AI，即 AI 关于我们所咨询的事项是否具备完备的大模型。如果不具备，那我们就不能依赖 AI 替我们做事情。这一点也可以辅助说明我们上文的观点。AI 能从事的工作都是语料库范围之内的，所谓的语料库就是人工投喂的知识以及相关信息，甚至包括知识和知识的关联以及使用形态。但是，哪怕上述语料被全部投喂给了 AI，它也没有超出既有知识的范畴，与新知识无关。所以，AI 并不能从事知识生产的工作，它的工作范围只在既有知识的范畴之内。但是不可否认的是，AI 能够在既有知识范畴内发现被人们忽略的东西，这就是我们可以使用 AI 帮我们查漏补缺或者优化思路的原因。另一个需要注意的事情是，要想让 AI 辅助自己工作并提供自己想要的结果，法律人就必须掌握一套跟 AI 互动的话语及表达方式。这方面，每个模型有不同的要求，建议自行习得。

（3）AI可能会胡说八道，AI提供信息的真伪还需要法律人自己判断。在训练AI的过程中，AI可能被引导实施下面的不靠谱行为——在它自己实在不能提供准确数据的情况下，可以经由自己的"思考"提供一些看起来合理但实际上并不存在的信息，人们通常把这种情况称为"一本正经地胡说八道"。这种情况并不鲜见，法律人需要判断AI提供的信息是否存在以及是否真实。所以，在使用AI辅助法律人工作的过程中，我们无时无刻不在使用分析论证和评论论证，要随时判断AI提供的信息是否为真，它所提供的前提能否推导出它的结论。

（4）AI不可能在我们不知道的情况下提供给我们想要的东西。这句话的意思是说AI虽然有时候能提供给我们一个相对具象化的结果，但前提是我们自己向它准确地描述了我们的需求，只不过我们的描述是个想法，AI能给我们提供一个具象的结果。比如我在撰写本书的时候就曾经跟AI聊过怎么起书名，AI给我提供了几个选择，最后我按照自己的想法进行加工和整合。但是需要注意的是，AI之所以能提供给我们具象化的结果，是因为我们向它准确描述了需求，只不过它帮我们将需求具象化，省却了我们自己不断提炼、抽象的烧脑过程。但本质上，AI提供的东西来源于我们的描述，我们描述不清楚，它就不能提供。但是使用AI的好处就在于，如果没有AI，我们需要靠自己不断地优化这个过程，我们需要动用自己的脑力，有时候苦思冥想，有时候还需要做补充的检索或阅读工作（但这个过程我们自己终将完成）。但是如果这些东西恰好在AI的语料库里，AI就能帮助我们完成这些工作。AI在自己的语料库里检索、加工、合成我们想要的东西（我们得知道我们自己想要什么）。在这个过程中，AI提供检索服务、加工服务以及根据过往人们提供的类似提问和语料合成我们想要的东西，这就省掉了我们自己检索、加工的时间。以往我们还会就某个想法咨询和征求他人的意见，AI内部就有好多这样的咨询顾问，它会"问"顾问们的意见，从而也省却了我们到处问别人意见、交谈和获取信息的时间。但这所有的一切都要求我们能判断和评估AI提供内容的真伪，这还是涉及上文提及的法律思维的能力。

（5）AI可以完成找灵感、找创意、找角度、查漏补缺、调整润色、优化创新等工作。我们在上文介绍了太多使用AI的注意事项,这里大概列举几项AI可以辅助我们做的工作,包括但不限于找灵感、找创意、找角度等。但AI辅助完成这些工作的前提是我们是一个"法律思维者",我们不仅明确知道自己想要什么,还能判断出AI给我们提供的东西的质量(分析论证和评论论证)。

例如,笔者在撰写本书的过程中利用AI优化了本书的书名,优化了本书的结构,同时AI还提供了笔者之前没有注意到的法律思维的运用场景,比如生活场景。同时AI也建议笔者在撰写本书的时候聊一聊AI与法律人的职业发展,于是读者们才能看到这一段文字。但是,AI也提供了很多其他笔者认为用不上的信息,比如法律思维与普法、法律思维与校园霸凌,这两个话题距离我要撰写的内容和实现的目的有点远。所以,AI提供的内容的取舍最终还取决于笔者自己的需求和判断力。

综上,AI是一个很好的工具,它在法律人未来的工作中的占比会越来越大。但是我们必须认识到AI工作的本质,它有海量的知识和信息,它也能找到知识和知识、知识和信息之间被我们忽略的

第八章 法律思维的实操（4）

点，它可以生成很多内容，但是这一切都取决于 AI 的语料库和被投喂的情况。AI 不能生产知识，AI 也不可能在我们不知道自己想要什么的情况下提供给我们一个符合客观标准的"成品"。AI 能够给我们提供非常多的信息，但是我们对于信息不仅要有一个做增量的思维，还要对其进行取舍，即我们要有能力去判断哪些信息应该采纳、哪些信息应该舍弃。通过不停地跟 AI 沟通，我们可能会占有大量的信息，但这并不见得是一件非常好的事情，接下来我们需要做的就是学会删减、组合和优化海量的信息。当然，这个过程我们还可以跟 AI 沟通共同完成，笔者强调这个思维的过程是想说明 AI 始终是辅助我们的助手，一定要对 AI 提供给我们的信息进行精准的判断（分析和评价），这样才不会被 AI 提供的信息束缚住，也才有可能形成令人满意且可靠的工作成果。

要想做到和 AI 和谐相处，或者能驾驭 AI 使之为我们所用，法律人必须具备法律思维。法律思维能够让我们警觉 AI 工作的边界和局限；法律思维能够帮我们判断 AI 提供的信息是否为真，保持对真伪判断的意识和觉察。法律思维能让我们时刻评估 AI

提供的信息和结果之间的关系，这部分使用的是分析论证和评论论证的技能。总之，未来能够跟 AI 建立良好且永久合作关系的法律人一定是具备法律思维的人。

最后，用一句话来总结未来法律人和 AI 之间的关系：AI 是一个最好的奴仆，却是一个最差的主人，想成为 AI 的主人就必须像本书描述的那样做到不仅是一个丰富的法学知识、法学理论的占有者，还是一个能够熟练使用法律思维的思考者。

第九章 法律思维的自我精进

对于一本致力于向法学生介绍法律思维基本知识的书,笔者在介绍完法律思维的基本原理和几个非常典型的实操场景之后,就可以跟读者说再见了。但是,由于法律思维的复杂性和知行合一(法律思维养成)的困难性,笔者还想将法律思维的不断精进作为一部分列入其中,用以提示年轻的法律人——无论在纸面上将法律思维拆解得多么细致、描述得多么清楚,这都是一项需要在实践中不断精进的能力。就像开车一样,无论我们的教练给我们讲解得多么清晰,我们理论考试分数考得多么高,都必须上路亲自尝试一下。即便我们拿到了驾照,我们也只是一个开始尝试开车的新手,在上路的时候还是会局促不安和笨手笨脚。当我们的行驶里程达到1万公里的时候,我们可能不会再害怕开车;当我们的行驶里程达到5万公里的时候,我们开始勇敢地开上高速奔向远方;当我们的行驶里程达到100万公里的时候,毫无疑问我们已经成为一个非常熟练的司机，任何一个车辆驾驶过程中的细节可能都已经被我们感知，任何一种问题路况我们都经历过并且能够成功处理。所以，作为一个练习法律思维的法律人，要明白法律思维是一个不断精进的过程。在这个过程中，无论是阅读本书还是跟随老师学习都是一个非常短暂的学习契机，更为大量的关于法律思维的学习和精进是由自己完成的，也就是说法律人要学会自我训练以完成对法律思维的精进。

撰写本章的另外一个目的是让读者能够自己运用法律思维。通过学习本书，很多读者确实了解了法律思维的一些知识，甚至实操方面的运用，但是如果读者自己作为法律思维的操盘手，法律思维（背后是法律思考）的步骤和过程是怎样的呢？本部分也想通过呈现法律人在实践中对法律问题处理的过程来呈现法律思维的步骤，帮助读者遵循一定的流程来不断完善自己的法律思维。

法律思维所要解决的法律问题从读者自身（主体视角）的角度可以被简单区分为未决之事和已决之事，即读者作为决策个体对某个法律问题或者法律事件尚未作出决策（得出结论）或者对某个法律问题或者法律事件已经作出了决策（得出结论）。对于前者，我们力求在法律思维的指导下作出最优的决策，也即得出正确的结论，此时的法律思维体现为优化决策过程的工具；对于后者，如果决策已经作出并且引发了一定的后果，也即之前的决策并不是最优的决策，我们的前置思考过程并没有得出正确的结论，此时的法律思维表现为复盘和反思的工具。我们分门别类地将这两种法律思考过程用步骤化和可视化的方式呈现出来。

一、对于未决之事的法律思维解决问题的全过程

所谓未决之事，是指对于读者个人来讲是第一次面对这件事情，自己还没有形成结论，但并不排除之前已经有人处理过这个问题，之所以还需要我们来思考和处理，是因为他们处理得可能还不够好。未决之事也可以指我们面对的是一个全新的问题，之前没有什么非常有价值的探索。那么，这种事情的法律思考[①]过程是怎样的呢？它的法律思考过程包含以下几个步骤（见表9-1）：

---

① 我们在上文已经明确了思维和思考的区别和联系。

表 9-1 对未决之事的思考过程——优化决策过程

步骤	名称	内容	例子
第1步	明确问题	在法律思维的场景中,问题是一个法律问题	张三是否构成故意杀人罪?
第2步	列举前提(理由)	①可以是充分前提,也可以是充分且必要前提;②大前提来源于专业知识,法律知识是客观真实;③小前提来源于案件事实,即证据,证据也是客观真实	要想证明张三构成故意杀人罪,就必须搜集张三四个方面的证据(可以参见上文中的例子和图表)①张三符合故意杀人罪主体要件;②张三主观上有杀人的直接故意;③张三客观上实施了故意杀人行为;④被害人死亡,被剥夺了生命权
第3步	给出结论	到此步骤完成了分析论证。法律人努力给出一个正确的结论	检察院搜集到了充分的证据,证明张三构成故意杀人罪
第4步	评估前提	从这个步骤开始是评估论证。这个环节考查思考者对前提的驾驭能力,即考查知识和证据	检察院反复检验了自己搜集到的证据的真实性和合法性
第5步	评估推理过程	检验前提能否推出结论	检察院反复确认自己的四个前提(大小前提)和张三构成故意杀人罪这个结论之间是必要且充分关系
第6步	确认决策	经过分析论证和评论论证,确认决策的最优性	检察院以故意杀人罪对张三提起公诉

这样，我们就通过一个案件向读者们呈现了法律思维在解决一个未决问题过程中的步骤、具体操作和技术要点。表9-1呈现的六个步骤就是我们上文拆解法律思维以及涉及的三要素——问题、结论和前提，体现在第1步、第2步、第3步以及第6步；此外，最为重要的技能就是分析论证和评论论证，在第4步和第5步体现得很明确。当然，做到以上六步，法律人还需要具备坚实的法律基础和非常优秀的文字驾驭与表达能力，这在本书的第三章、第四章法律思维对法律人的要求中已经介绍得很充分，在此就不再赘述了。

二、对于已决之事的法律思维解决问题的全过程

所谓的已决之事，是指对读者个人来讲这件事情是自己之前处理过、经历过或遭遇过的事情，已经有了一个结论，但这个结论不尽如人意，因此带来了困扰，需要再次解决这个问题。那么，对这样的问题的思考过程是怎样的呢？其实跟上文对未决之事的思考过程差不多，只不过已决之事一开始就有一个前置的不太理想的结局，它的思考过程也从

这个让人"闹心"的事开始,具体的表现是我们需要复盘和反思,看看以后如何在同类事情上避免失误和优化决策。具体而言,思考过程包含以下几个步骤(如表9-2):

表9-2 对已决之事的思考过程——复盘和反思

步骤	名称	内容	例子
第1步	处境(也可以是困境)	你遇到了一个问题,在法律思维的场景下,这个困扰来自法律问题	你作为侦查机关对张三构成故意杀人罪侦查完毕移送检察院对其提起公诉,但是检察院以证据不足为由,退回侦查机关
第2步	稳定情绪(为理性思考扫清情绪障碍)	你告诉自己不要慌,不要情绪化(比如发脾气、茶不思饭不想、抱怨、畏难、逃避……),要冷静下来理性解决问题	告诉自己别郁闷,看看自己哪里没处理好
第3步	唤醒法律思维的意识	提示自己理性思考就是针对问题要做到前提为真、前提能推出结论,这样结论才是正确的,问题才能得到解决	用法律思维的①依据客观真实与②经过正确推理来消除自己的烦躁情绪

第九章　法律思维的自我精进

(续表)

步骤	名称	内容	例子
第4步	开始分析论证	①制作出分析论证的图表,把问题、结论、前提、未表达前提都识别出来。这个图表很难做,不仅因为把思路体现在分析论证图表上就很困难,而且把问题、结论、前提、未表达前提准确地用文字呈现出来也是很具有挑战性的(参见上文第三章、第四章内容) ②你可能暂时能力不够,做不出分析论证的表格,那你需要学习、补充相应的知识或者求助能帮助你的人 总之,你需要做出一份类似的分析论证表格。不要怕,勇敢尝试几次,多练习几次就轻车熟路了	你制作了分析论证图表,将问题、结论、前提都列举出来 | 问题 | 结论 | 前提 | |---|---|---| | 张三是否构成故意杀人罪 | 不构成 | ①张三年满16周岁,符合主体要件; ②张三曾叫嚣说要弄死被害人; ③案件的主要凶器虽然被找到,但是没有提取指纹; ④被害人死亡 |
第5步	评论论证	①你要在分析论证的基础上作评论论证,检验一下前提是否为真、前提能否推出结论。当然,你还得看看问题本身是不是正确的 ②有些问题你可能还不能很快速地作出评论论证表格,你需要补充知识、补充相关的信息才能进行评论。于是,你要展开这方面的学习或者求助在这方面能帮助你的人	通过观察分析论证表格,你发现你的前提③不为真,不能证明就是张三持有凶器杀害了被害人,这是你在之前忽略的点。你认为只要有凶器就可以了,但是忽略了凶器和犯罪嫌疑人张三之间的关系

（续表）

步骤	名称	内容	例子
第6步	找到关键点	你具备了评论论证的能力，经过评论论证，你发现了你的问题，找到了困住你思维的那个点，它或者表现为前提不为真，或者表现为前提推不出结论，或者表现为问题本身不成立	你发现了你的前提存在问题，凶器上的指纹没有被提取，也没有与张三的指纹进行比对
第7步	纠正（或调整）关键点	你要在评论论证的基础上把找到的那个"点"并纠正过来，使它恢复到"客观真实"的状态	你认识到这个想法不符合实际，于是你要纠正。你重新提取凶器上的指纹并与张三的指纹进行比对，发现两者相符
第8步	问题解决	你把问题解决了，困扰你的案件也得到了解决，你还做好了下一次继续用法律思维指导自己的思考过程、再一次解决新的问题和面临新的挑战的准备	虽然你的问题没变，但是由于你修改了你的前提（即前提发生改变），解决方案也就发生了变化 | 问题 | 结论 | 前提 | |---|---|---| | 张三是否构成故意杀人罪 | 构成 | ①张三年满16周岁，符合主体要件；②张三曾叫嚣说要弄死被害人；③案件的主要凶器上的指纹与张三的指纹吻合；④被害人死亡 |

第九章　法律思维的自我精进

细心的读者可能已经发现了，上文中的两个表格的叙事方式并不相同。表9-1是突出了问题、前提、结论、评估前提、评估推理过程这条线索（第二列——名称），将分析论证和评论论证作为次要线索放在第三列（内容一栏）中。而表9-2则将分析论证和评论论证突出，放在第二列（名称一栏）中，将问题、结论、前提等具体内容放在第三列（内容一栏）中。这是笔者有意为之，也是由法律思维的复杂性决定的，法律人必须同时处理好法律思维要素线索，大前提和小前提线索以及论证线索。但如果读者仔细体会就能发现它们的本质其实都是一样的，只不过两个表格突出的法律思维的方面和线索不同。如果用一句话来形容法律思维的过程的话，那就是在明确法律思维的要素——问题、结论、前提的基础上作分析论证和评论论证。看看，这是不是又跟本书前几章的内容呼应上了。

从表9-2中，我们能明确地看出来处理这种之前已经有一个结果但是结果不尽如人意的法律问题的过程要复杂很多。但是无论怎样，也逃不出我们在第一部分理论篇所介绍的法律思维的要素、分析论证和评论论证等内容。在表9-2中，笔者还特别强调了唤醒法律思维的环节，因为人天生都是感性的，理性思维（包括法律思维）都是需要用理智唤醒的。尤其是年轻的法律人，当他们面临一个存在问题且需要重新处理的案件的时候，常常意味着要反思自己在过往工作中存在的不足，这对人来说是非常困难的。因此面对问题，理性思考也是一个必经的过程。所以读者能够在表 9-2 中看到前三个步骤都与调整心态、唤醒法律思维有关。这个过程是必需的，而且对于新手法律人也是很困难的。这也从侧面说明两件事情：其一，法律思维不是天生就有的，是需要法律人通过不断练习获得的，而且练习的过程还很辛苦。其二，法律思维不仅是一种解决问题的方法论层面的概念，还包括人的心智模式，体现为人的耐性、毅力和情绪控制能力。我们在日常教学中，经常看到（知识学习）成绩很好的法学生，在实际遇到法律问题时却缺乏耐心，不愿意面对问题，做事容易半途而废。这是法律思维对人的心智模式和个人品格的要求。所以，虽然本书出于方法论和便于读者理解的角度将法律思维定性为——解决问题的工具，但是法律思维还有一些精神层面的作用和表达。比如，拥有法律思维的人通

第九章 法律思维的自我精进

常拥有更为坚毅的人格,遇到困难不退缩并且会为了解决困难付出艰苦卓绝的努力。拥有法律思维的人通常也会更公正,为了寻求对事物的正确理解和对案件的正确解决,他们也会为心中的"客观真实"去努力,这就是为什么我们在实践中能看到很多冤案经过多年、有的甚至是二十多年的努力被彻底翻案,这在缺少坚毅人格以及缺乏对公正追求的人来说是无法想象的。总之,法律思维一方面是一个方法论,一方面还对人的品格和心智有影响,但是受限于本书的篇幅和主题,后一部分内容就不展开介绍了,留给读者在日后的工作和生活中慢慢体会。

表9-2接下来的步骤就跟分析论证和评论论证有最为直接的关系了,因为其中的例子是一个之前已经有结果的案件,但是这个结果不令人满意,那一定是在某个环节(前提或者前提和结论的关系)上存在问题,所以接下来第4步就是作分析论证,将之前的分析过程呈现出来,列出问题、结论和前提。经过第4步之后,我们就能看到之前案件分析的内部结构。然后我们就要进行第5步——评论论证,看看问题到底出在哪里,问题只会出在前

提不为真或者前提推不出结论这两个方面。经过第4步和第5步，通常我们就会锁定一个问题点，然后到第6步，这个问题点就会浮出水面。当然这个过程肯定也不是一帆风顺的，不仅是因为这个环节是对在先前案件中所思考的问题的否定，如果先前案件是法律人自己做出来的，还伴随着对自己的否定，深刻挖掘自己思维上的漏洞，这（改变自己）本身就是件很困难的事情；还因为有时候自己可能发现不了问题所在，这时候可能还要引入第三人或者更有经验的前辈来帮我们一起来完成第4步和第5步，进而来到第6步。总之这是一个需要攻克的过程，不管是靠自己完成还是在别人的帮助下完成。

当我们找到问题点之后，我们需要将这个点纠正过来，那就来到了第7步。这个步骤可能会很复杂，在表9-2中，问题是出现在小前提即证据层面，现实生活中，问题出现的点会非常广泛，除此之外，还有可能出现在大前提层面，也有可能出现在前提和结论的关系上。无论问题出现在哪个点上，都意味着这部分工作需要重做，需要重新付出努力。所以，新手法律人不要认为第6步到第7步

第九章 法律思维的自我精进

就像拨弄一个开关一样简单，把错误的一面拨到正确的一面就结束了。实践中，这个过程是需要付出艰苦卓绝的努力的，有时甚至需要重新来过。

最后，我们来到第 8 步，纠正错误之后，我们形成了问题—结论—前提的新格局，这一次，问题有望得到彻底解决。注意，我使用的是"有望"，意思是说，这种解决有可能是正确的，也有可能还是不彻底的，即在第 4 步、第 5 步和第 6 步锁定的问题点是错误的，或者是不全面的，这都有可能导致第 8 步形成的新的解决问题的思路还是错的。这时候，我们可能还得按照表 9-2 的步骤重新来过。

表 9-1 和表 9-2 只是为了方便初学者将法律思考步骤化而列举出来的简单的步骤和示例，希望能帮助读者从主体的角度更好地体会作为法律思维的实际使用者时应该遵循什么样的步骤展开对问题的解决过程。同时提醒读者，做表格很重要，要像本书一样随时随地将分析论证和评论论证的表格列出来，这样会帮助（强迫）大脑明确法律思维的要素并且将它们从大脑中剥离（提取）出来让眼睛看到，这个过程是一个"强制精准化"的过程，也是

强迫大脑按照法律思维要求思考的过程。对于初学者来说，思考是不能不动笔的，因为我们脑子里的东西，眼睛是看不到的。而且不把它提炼出来和用文字表达出来，其实我们也不知道我们的大脑想的是什么、想成什么样以及我们有没有能力用逻辑和语言把大脑中的想法誊写到纸上，这个过程我们在前提线索中已经介绍过很多次了。

最后，还是要强调，法律思维太博大精深了，任何文字、任何例子、任何解释都无法揭示它在法律人日常工作和生活中的方方面面的立体、复杂多样的面貌，而这一切只能留给读者在后续的学习和生活中慢慢体悟了。

结　　语

　　本书的写作是为了解决法学教育界一个显而易见却又长期被忽视的问题——法律思维到底是什么以及怎样用看得见、摸得着、可操作甚至可测量的方式将其传递给学生。法律思维的重要性不言而喻,以至于在很多重要的场合,如论文写作、模拟法庭、案例教学中,法律思维一词都会频繁出现,在法律实务中就更不用说了,法律思维就是妥妥的"C位"。就是这样一个法学教育的核心概念,在日常教学中却从来没有人给其下一个准确的定义,拆解其内部要素,揭示其运行原理,观察其实践操作,考核其学习效果。老师和学生之间关于法律思维的讨论并不算少,但这种讨论往往是无效的。老师经常会提及法律思维或者其碎片化的组成部分,如理论性、论证、问题意识等,学生也会照单全收,仿佛他们知道这些概念是什么以及它们跟法律思维的关系。但私下里笔者曾经问学生:你们知道什么是问题意识吗?知道什么是理论性吗?学生被问住了,他们只是认识这些字,并不知道这些词语背后的内涵。笔者也曾经在很私人的场合问过很多老师,什么才是法律思维?如何才能向学生解释清楚法律思维是什么?事实上,很多老师也不知道,他们对法律思维只有直观的感性认识,他们只是自己会、自己能操作,但是要想教会学生,恐怕还"差点意思"。所以你看,法律思维——这么重要的一个概念,在日常生活中呈现的状态就是这样的:①它频繁出现在各种场合和法学学科教师的表达中;②国内目前缺乏体系完备、内容科学的法律思维课程;③老师和学生都认为它很重要且认为自己(甚至彼此)都了解它;④但实际上,无论是老师还是学生,当被问及法律思维非常精确的概念、要素、原理的时候,他们都无法回答。这其实反映了一个法学教育的问题,法律思维的教育,并不像民法学、商法学、宪法学、刑法学……一样有成型的教科书,没有教科书就没有完整的课程内容体系①,没有完整的课程内容体系就意味着这部分还没有被完整地认识和开发,内容体系没有被完整地认识和开发就说明这部分的教育其实是不达标的。②

与法律思维长期缺乏的现状相比,法律思维的重要性是怎么强调都不为过的。无论是现行教育还是法律实务都离不开法律思维。现行教育以知识传授为主的教学模式需要法律思维来进行升维,法学院讲授的知识离了法律思维玩不转;法律实务中法律人每天处理的法律事务都与法律思维有关。此外,经过近百年,在全国当下七百余所法学院校的努力培养下,同质化法律人才市场接近饱和的状态,以及当今人工智能时代对法律人低阶认知的挑战,使得法律人必须学习且拥有法律思维才能挣脱

---

① 人才培养依托的是课程,课程的基础是课程内容即知识体系,缺少知识体系,人才培养是无法实现的。

② 这部分还是用了委婉的说法,其实可以认为是缺失的,因为没有课程内容体系及其相应的配套支撑,法律思维的培养是不可能实现的。你有可能认为在课堂上师生偶尔的互动、教师偶尔的灵光乍现、学生偶尔的恍然大悟也代表着法律思维培养的瞬间,也是有教育意义的。这个观点笔者不否认,但是对于系统的法律思维的培养,这些其实是杯水车薪,甚至无济于事。

法律洼地，来到相对安全且能驾驭人工智能的法律高地……法律思维怎么看都是当今时代法律人必备的能力，没有法律思维，可以说法律人在职场中将会寸步难行，甚至被淘汰。

正是基于上述的教育背景、实践要求、市场结构和时代背景，法学教育必须正视对法律思维的系统性培养，法律人必须掌握法律思维才能保证在未来的职业生涯中达成自我实现。于是，笔者决定以自身绵薄之力，尽力梳理法学教育的底层知识体系，一方面希望提供一套可供师生在日常教学中交流和互相理解、语义清晰、概念明确的话语体系，避免老师和学生使用着相同的概念却不知其含义，甚至在对彼此都有误解的情况下进行有关法律思维的无效交流；另一方面期望法律人未来在职场能够游刃有余并与人工智能和谐相处，努力提升自身的职业价值，最终能够完成自我实现。

为了实现上述目的，本书采用了接近新型教科书的撰写方式，竭尽全力地以符合"法学生认知"的方式呈现法律思维的内容，讲好法律思维的故事。所谓"教科书"的撰写方式，是指探讨法律思维的定义、本质、要素和原理，而不是像目前市面上可见的关于法律思维的著作那样，撇开这些法律思维最本质的知识点不谈，而大谈特谈"自己认为"[①]的法律思维，分享自己的经验。经验是不稳定的，经验只有上升为本质的认识（即上升为知识）才是稳定的。经验也是不能迁移和复制的，这就是为什么我们听别人讲法律思维时觉得很好，可是轮到自己动手时却不会用，这说明讲授者没有将法律思维传授给我们。但是稳定的本质认识（即知识）是可以迁移复制的。所以，本书声称的"教科书"撰写模式其实分享的是关于法律思维的客观知识，绝非个人经验。读者朋友会在本书的第一部分——理论篇看到法律思维的本质、法律思维的要素、法律思维的原理等最为核心的内容。同时，为了代入读者视角，笔者还用了两章的篇幅描述法律思维对法律人的要求，这样不仅可以持续展开法律思维的细节，也能让读者即法律人更了解法律思维对于自己具体意味着什么。

---

① 即不客观，从自己的主观认识出发。读者们可以试想一下，我们学习的各种法学教科书，都是先要澄清概念、定义、内涵、特征、要素等基本内容的。但是，法律思维缺少这些基本的学科共识，这就是为什么在目前的法学教育中法律思维的培养存在问题。

读者朋友们也可以用这一条判断标准来衡量市面上所有有关法律思维的书籍，看看它们分享的到底是什么。记住，人们关于法律思维需要的是稳定的知识体系，即客观规律而非个人经验，这样才能保证我们在交流、使用、精进法律思维的时候使用的是同一套本质化的话语体系。

所谓"新型"教科书的撰写方式，是指本书除了有理论篇，还有实践篇，实践篇被安排在本书的第二部分。本书分门别类介绍了法律思维常用的几个场景，如真实案件处理、论文写作、日常生活，甚至探讨了AI与法律职业发展。这种写法在教科书层面实现了理论教学和实践教学的统一，区别于传统的教科书注重理论体系的特点，尽量呈现给读者一个完整全面的法律思维图景。当然，笔者在这部分仍然没有忘记代入读者视角，在介绍完法律思维的各种实操和应用之后，本书用一章的篇幅讨论如何持续自我精进：在读者了解法律思维的实际操作之后，本书还提供了一整套自我练习法律思维的可操作的步骤和方法，用以强调法律思维是需要不断精进和经历漫长的养成过程的。

所以，如果用几个词汇来形容本书的特点，那就应该是如下几个：①教科书式的。揭示法律思维的"知识"和"客观规律"，而非个人经验或者与法律思维有关的外围事物。②理论和实践相统一的。将法律思维的知识学习和实践应用整合起来。③读者视角的。不仅考虑到初级法律人——法学生是本书的主要读者——的认知特点，还按照读者认识事物（本书的法律思维）的普遍规律（理论篇和实践篇）来安排本书的逻辑架构，方便读者更好地了解法律思维。读者视角还体现在本书的叙事细节上，本书的第三章和第四章介绍法律思维对法律人的要求，本书的第九章介绍法律思维的自我精进，这些设身处地从"学生视角"出发的安排，能够弥合教师和学生之间的认知差异，引导法学生快速进入法律思维的场景中。④可视化、可操作和可测量的。本书力求达到的是，在认知层面，法律思维不再是人们口中虚无缥缈的概念，而是活生生的、具有要素和内部结构的、可以被看到的具体事物。在实践层面，法律思维的操作是有迹可循、可以步骤化、效果可以被测量的完整知识体系。相信阅读完本书的读者，会对这一点深有体会。⑤具有时代意义的。法律人面临多重时代压力，首先是经过高校几十年的培养，法律职业市场已经接近饱和，没有太多的需求被释放（存量市场）。其次是低端法律职业市场更加拥挤，高端法律职业市场还有一部分需求，这种内部结构性的需求需要具有法律思维的人来弥补。最后是人工智能对法律职业的冲击致使低端法律职业人才被取代，只有拥有法律思维的高端法律职业人才才能在法律职业市场站稳脚跟甚至走出国门占领国际市场。法律人必须敏感地捕捉到这些宏观的趋势和状态，并将其有效地融合在自己的学业规划、职业规划甚至人生规划中。

本书的撰写，恰逢人工智能蓬勃发展和中国高等教育面临转型，并且还穿插着复杂的国际局势，如中美贸易摩擦、俄乌冲突、中东局势……任何国际格局、国家内部的变革最终都会反映在教育上，而且国家的发展也是依靠教育和个人的成长来实现的。作为一名法律人，如何在宏观的国际格局、中观的国家发展、微观的个人自我实现以及横向的信息时代、人工智能与纵向的历史沿革和经济周期中创造出个人独特的价值，值得每一个人思考。希望本书能够助力这种思考……